Jessica Gherri

Logicals für den Französischunterricht

Gedruckt auf umweltbewusst gefertigtem, chlorfrei gebleichtem und alterungsbeständigem Papier.

2. Auflage 2016
© 2011 Persen Verlag, Hamburg
AAP Lehrerfachverlage GmbH
Alle Rechte vorbehalten.

Das Werk als Ganzes sowie in seinen Teilen unterliegt dem deutschen Urheberrecht. Der Erwerber des Werkes ist berechtigt, das Werk als Ganzes oder in seinen Teilen für den eigenen Gebrauch und den Einsatz im Unterricht zu nutzen. Die Nutzung ist nur für den genannten Zweck gestattet, nicht jedoch für einen weiteren kommerziellen Gebrauch, für die Weiterleitung an Dritte oder für die Veröffentlichung im Internet oder in Intranets. Eine über den genannten Zweck hinausgehende Nutzung bedarf in jedem Fall der vorherigen schriftlichen Zustimmung des Verlages.

Sind Internetadressen in diesem Werk angegeben, wurden diese vom Verlag sorgfältig geprüft. Da wir auf die externen Seiten weder inhaltliche noch gestalterische Einflussmöglichkeiten haben, können wir nicht garantieren, dass die Inhalte zu einem späteren Zeitpunkt noch dieselben sind wie zum Zeitpunkt der Drucklegung. Der Persen Verlag übernimmt deshalb keine Gewähr für die Aktualität und den Inhalt dieser Internetseiten oder solcher, die mit ihnen verlinkt sind, und schließt jegliche Haftung aus.

Grafik: Julia Flasche
Satz: DTP Studio Koch, Oberweißbach

ISBN: 978-3-403-**23088**-5

www.persen.de

Inhalt

Vorwort 4
Beispiel für ein einfaches Logical in Tabellenform (deutsch) 5
Übersichtstabelle 6

Arbeitsblätter und Lösungen

  1 A la plage 7
  2 Les vélos 10
  3 Les anniversaires 13
  4 Le corps 16
  5 Le petit-déjeuner 19
  6 Les arbres de Noël 22
  7 Les vêtements d'été 25
  8 Les vêtements d'hiver 28
  9 Les clowns 31
10 Les pays 34
11 Le panier de Pâques 37
12 Les œufs de Pâques 40
13 Les fleurs 43
14 La famille 46
15 Les animaux de la ferme 49
16 Le père Noël 52
17 Les fruits 55
18 Les maisons 58
19 Les glaces 61
20 La trousse 64
21 Les animaux domestiques 67
22 Les bonshommes de neige 70
23 Les jouets 73
24 Les légumes 76
25 Les animaux de zoo 79

Vorwort

Liebe Kolleginnen und Kollegen,
die Logicals für den Französischunterricht in der Grundschule sind aus zwei einfachen Gründen sehr beliebt: Es macht den Kindern einerseits viel Spaß sie zu lösen, andererseits bieten sie die Möglichkeit, bestimmte Themenbereiche des Französischunterrichts mit zusätzlichen Übungsformen zu ergänzen und zu vertiefen.

Egal ob Sie als Fachlehrkraft oder auch als Fachfremde/r unterrichten – die Logicals bieten vielfältige Einsatzmöglichkeiten:
- zur Vertiefung und Wiederholung von Unterrichtsthemen
- zur Differenzierung
- als Einstieg in ein Unterrichtsthema
- als Hausaufgabe
- im Frontalunterricht
- in der Partner- oder Gruppenarbeit
- in der Stationsarbeit
- in der Freiarbeit
- in der Wochenplanarbeit
- als Vertretungsstunde

Die Arbeit mit den Logicals fördert sowohl die Lese- als auch die Denkfähigkeit der Kinder. Zunächst müssen die Schülerinnen und Schüler den Text genau lesen und verstehen, damit sie die Frage beantworten können. Denn nur wer genau liest, die Informationen geschickt kombiniert und mitdenkt, kommt zur Lösung.
Dabei fühlen sich die Kinder als kleine Detektive und – was sich positiv auswirkt – sie haben schnell Erfolgserlebnisse. So festigen sie französische Vokabeln, lernen systematisch vorzugehen, sich zu konzentrieren und Spaß am Denken zu haben.

Für den Erfolg beim Lösen sorgt auch die Einteilung der Logicals in verschiedene Schwierigkeitsstufen. Zu jedem Thema gibt es zwei Arbeitsblätter mit unterschiedlichem Anspruch: Bei „facile" müssen die Kinder fünf Sätze, bei „plus difficile" sieben Sätze lesen.
Und je umfangreicher der Text, desto mehr muss auch kombiniert werden. So können Sie die Logicals gut zur Leistungsdifferenzierung nutzen.

Die Logicals sind ab Klasse 2 einsetzbar, sofern die Kinder in der Schriftsprache sicher sind und im Französischen über eine grundlegende Lesefähigkeit verfügen. Weitere Voraussetzungen sind die Kenntnisse der Zahlen und Farben sowie die Lagebeziehungen rechts, links und neben.

Um den Kindern die Vorgehensweise beim Lösen zu verdeutlichen, empfiehlt es sich, zuvor ein deutschsprachiges Logical gemeinsam in der Klasse zu bearbeiten (siehe Beispiel auf Seite 5). Dabei werden die Sätze, deren Informationen verarbeitet wurden, abgehakt. Dies erleichtert die Übersicht.
Werden die Logicals in der Freiarbeit eingesetzt, kann man den Kindern die Lösungen für die Selbstkontrolle geben. So fördern Sie das selbstständige Arbeiten.

Bei der Bearbeitung der Logicals gibt es unterschiedliche Herangehensweisen. So sind die leichteren Rätsel hauptsächlich durch Ausmalen der Bilder zu lösen. Es gibt aber auch Logicals, bei denen eine Tabelle ausgefüllt oder selbstständig gezeichnet werden soll.

In der Übersichtstabelle (siehe Seite 6) können Sie sich einen Überblick über den jeweiligen Schwierigkeitsgrad, die Art der Bearbeitung und die verwendeten Vokabeln verschaffen.

Ich wünsche Ihnen und Ihren Schülerinnen und Schülern viel Spaß beim Lösen

Jessica Gherri

Beispiel für ein einfaches Logical in Tabellenform

Hier sind drei Fische.

Lies den Text, fülle die Tabelle aus und finde heraus:

Welcher Fisch hat eine grüne Rückenflosse? Fisch 1

Fisch	1	2	3
Körperfarbe	blau	gelb	rot
Farbe der Rückenflosse	grün	rot	gelb
Schwanzfarbe	gelb	blau	orange

1. Ein Fisch hat eine gelbe Rückenflosse und einen orangen Schwanz.
2. Ein Fisch hat einen blauen Körper und einen gelben Schwanz.
3. Der rechte Fisch hat einen roten Körper.
4. Der Fisch mit der roten Rückenflosse und dem blauen Schwanz ist neben dem Fisch mit dem gelben Schwanz.
5. Der Fisch mit dem gelben Körper ist neben dem Fisch mit dem roten Körper.

(Satzreihenfolge: 3 – 5 – 2 – 4 – 1)

Übersichtstabelle

 ausmalen    Tabelle ausfüllen   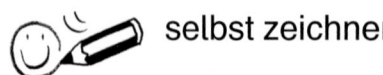 selbst zeichnen

	Feuille de Travail		Vocabulaire		
			facile		plus difficile
1	A la plage	🖌	bikini, maillot de bain, ballon, serviette, couleurs	🖌	bikini, maillot de bain, ballon de plage, serviette de bain, parasol, couleurs
2	Les vélos	🖌	selle, roues, couleurs	🖌	selle, pompe, feu avant, pédales, couleurs
3	Les anniversaires	✎	âge, noms des mois, bougies	✎	âge, noms des mois, bougies
4	Le corps	☺	yeux, bras, jambes, nombres	☺	yeux, bras, jambes, oreilles, nombres
5	Le petit-déjeuner	✎	eau, thé, cacao, lait, œufs, yaourt, toast, muesli	✎	thé, cacao, lait, jus d'orange, toast avec de la confiture, muesli, corn-flakes, pain avec du beurre et du miel
6	Les arbres de Noël	🖌	boules, bougies, couleurs	🖌	boules, bougies, étoile, couleurs
7	Les vêtements d'été	🖌	t-shirt, chaussures, pantalon, couleurs	🖌	t-shirt, chaussures, pantalon, jupe, casquette, couleurs
8	Les vêtements d'hiver	🖌	bonnet de laine, écharpe, veste, couleurs	🖌	bonnet de laine, écharpe, veste, gants, couleurs
9	Les clowns	🖌	yeux, nez, bouche, couleurs	🖌	yeux, nez, bouche, cheveux, couleurs
10	Les pays	✎	âge, Allemagne, Finlande, Angleterre	✎	âge, Allemagne, Turquie, France, Angleterre
11	Le panier de Pâques	🖌	Pâques, œuf, panier, couleurs, nombres	🖌	Pâques, œuf de Pâques, panier, couleurs, nombres
12	Les œufs de Pâques	🖌	points, ruban, œuf de Pâques, couleurs	🖌	points, ruban, étoiles, rayures, œuf de Pâques, couleurs
13	Les fleurs	🖌	fleur, nombres, couleurs	🖌	fleur, nombres, couleurs
14	La famille	✎	âge, frères, sœurs, nombres	✎	frères, sœurs, grand-père, grand-mère, cheveux, nombres, couleurs
15	Les animaux de la ferme	✎	vaches, poules, cochons, nombres	✎	vaches, poules, cochons, moutons, nombres
16	Le père Noël	🖌	bonnet, moufles, veste, couleurs	🖌	bonnet, moufles, veste, pantalon, couleurs
17	Les fruits	🖌	pomme, banane, poire, couleurs	☺	pommes, bananes, cerises, oranges, nombres
18	Les maisons	🖌	fenêtres, toit, porte, couleurs	🖌	fenêtres, toit, porte, couleurs
19	Les glaces	☺	boules vanille, boules chocolat, boules fraise, nombres	☺	boules vanille, boules chocolat, boules fraise, coupe, nombres, couleurs
20	La trousse	🖌	trousse, feutre, gomme, couleurs	🖌	trousse, feutre, gomme, crayon, couleurs
21	Les animaux domestiques	🖌	perruche, chat, chien, poisson, couleurs	🖌	perruche, chat, chien, poisson, hamster, couleurs
22	Les bonshommes de neige	🖌	chapeau, nez, balai, couleurs	🖌	chapeau, nez, balai, écharpe, couleurs
23	Les jouets	🖌	ballon, poupée, nounours, couleurs	🖌	ballon, poupée, nounours, corde à sauter, couleurs
24	Les légumes	🖌	tomate, oignon, poivron, coupe, couleurs	🖌	tomate, oignon, poivron, courgette, coupe, couleurs
25	Les animaux de zoo	✎	âge, éléphants, lions, tigres	✎	âge, éléphant, tigre, ours, crocodile, cage, couleurs

1 A la plage

A la plage

En été, les enfants vont se baigner. Ils ont des ballons, des serviettes et des vêtements de bain.

Lis, colorie et trouve la solution:

Qui a la serviette orange? _____

Sophie   Simon   Benjamin

1. Un garçon a un maillot de bain vert et un ballon bleu.
2. Un enfant a un ballon vert et une serviette jaune.
3. Un garçon a un ballon orange.
4. A côté de la fille avec le bikini rouge, il y a un garçon avec un maillot de bain jaune.
5. A côté de l'enfant avec la serviette jaune, il y a un enfant avec une serviette rouge.

Jessica Gherri: Logicals für den Französischunterricht – Grundschule
© Persen Verlag, Buxtehude

A la plage

Pendant les vacances d'été, trois copains sont à la plage. Ils ont des ballons de plage, des serviettes de bain et des parasols.

Lis, colorie et trouve la solution:

Qui a le parasol orange?

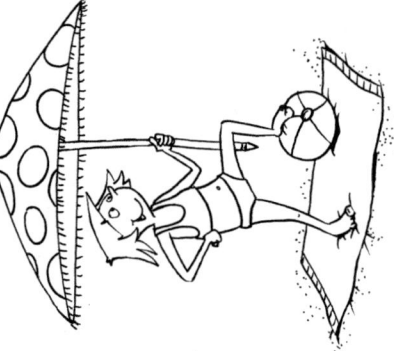

nom:

1. L'enfant à côté du parasol rouge a un parasol violet.
2. Anne est à côté de l'enfant avec le ballon de plage bleu. Elle porte un bikini rouge.
3. Une fille a une serviette de bain rouge.
4. L'enfant avec le ballon de plage vert a une serviette de bain jaune.
5. Paul a un maillot de bain jaune et un ballon de plage bleu.
6. L'enfant avec la serviette de bain verte a un parasol rouge.
7. Le bikini de Julie est bleu. Elle a un ballon de plage violet.

Lösungen

A la plage

En été, les enfants vont se baigner. Ils ont des ballons, des serviettes et des vêtements de bain.
Lis, colorie et trouve la solution:

Qui a la serviette orange? **Benjamin**

une solution possible: 4 – 1 – 3 – 2 – 5

nom	Sophie	Simon	**Benjamin**
serviette	jaune	rouge	**orange**
ballon	vert	orange	bleu
vêtement de bain	bikini rouge	maillot de bain jaune	maillot de bain vert

4. A côté de la fille avec le bikini rouge, il y a un garçon avec un maillot de bain jaune.
1. Un garçon a un maillot de bain vert et un ballon bleu.
3. Un garçon a un ballon orange.
2. Un enfant a un ballon vert et une serviette jaune.
5. A côté de l'enfant avec la serviette jaune, il y a un enfant avec une serviette rouge.

A la plage

Pendant les vacances d'été, trois copains sont à la plage. Ils ont des ballons de plage, des serviettes de bain et des parasols.
Lis, colorie et trouve la solution:

Qui a le parasol orange? **Julie**

une solution possible: 5 – 2 – 7 – 4 – 3 – 6 – 1

nom	Paul	Anne	**Julie**
parasol	rouge	violet	**orange**
serviette de bain	vert	jaune	rouge
ballon de plage	bleu	vert	violet
vêtement de bain	jaune	rouge	bleu

5. Paul a un maillot de bain jaune et un ballon de plage bleu.
2. Anne est à côté de l'enfant avec le ballon de plage bleu. Elle porte un bikini rouge.
7. Le bikini de Julie est bleu. Elle a un ballon de plage violet.
4. L'enfant avec le ballon de plage vert a une serviette de bain jaune.
3. Une fille a une serviette de bain rouge.
6. L'enfant avec la serviette de bain verte a un parasol rouge.
1. L'enfant à côté du parasol rouge a un parasol violet.

2 Les vélos

Les vélos

Trois enfants ont des vélos neufs.

Lis et colorie les vélos, les selles et les roues. Puis, trouve la solution:

Qui a le vélo vert? _____

Marine   Sarah   Patrick

1. Un enfant a une selle jaune et des roues bleues.
2. La selle de Patrick est rouge.
3. Un enfant a un vélo bleu avec des roues jaunes.
4. Une fille a un vélo orange avec des roues vertes.
5. A côté du vélo avec la selle rouge, il y a un vélo avec une selle rose.

2 Les vélos

Les vélos

Trois enfants ont des vélos neufs et colorés. Les selles, les feux avant, les pompes et les pédales sont de couleurs différentes.

Lis, colorie et trouve la solution:

Qui a le vélo avec la selle orange?

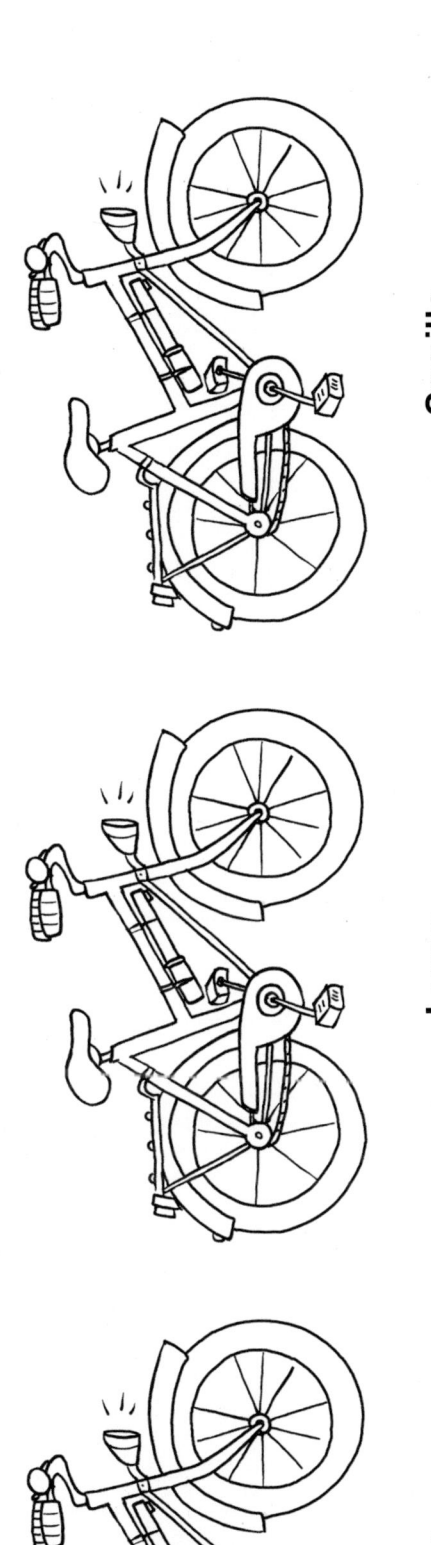

Louis   Lucas   Camille

1. Le vélo à côté du vélo avec la pompe bleue a une pompe rouge.
2. Un vélo a des pédales bleues et une selle jaune.
3. Le vélo à gauche a une pompe bleue.
4. Le vélo avec la pompe verte a un feu avant orange.
5. Le vélo avec le feu avant jaune est à côté du vélo avec le feu avant orange.
6. Le vélo à côté du vélo avec les pédales vertes a des pédales orange et une selle bleue.
7. Un vélo a des pédales vertes et un feu avant rouge.

Lösungen

Les vélos

Trois enfants ont des vélos neufs.
Lis et colorie les vélos, les selles et les roues. Puis, trouve la solution:

Qui a le vélo vert? **Marine**

Une solution possible: 2 – 5 – 1 – 4 – 3

nom	**Marine**	Sarah	Patrick
selle	jaune	rose	rouge
vélo	**vert**	orange	bleu
roues	bleu	vert	jaune

2. La selle de Patrick est rouge.
5. A côté du vélo avec la selle rouge, il y a un vélo avec une selle rose.
1. Un enfant a une selle jaune et des roues bleues.
4. Une fille a un vélo orange avec des roues vertes.
3. Un enfant a un vélo bleu avec des roues jaunes.

Les vélos

Trois enfants ont des vélos neufs et colorés. Les selles, les feux avant, les pompes et les pédales sont de couleurs différentes.

Lis, colorie et trouve la solution:

Qui a le vélo avec la selle orange? **Louis**

Une solution possible: 3 – 1 – 4 – 5 – 7 – 6 – 2

nom	**Louis**	Lucas	Camille
feu avant	rouge	jaune	orange
pompe	bleu	rouge	vert
pédales	vert	orange	bleu
selle	**orange**	bleu	jaune

3. Le vélo à gauche a une pompe bleue.
1. Le vélo à côté du vélo avec la pompe bleue a une pompe rouge.
4. Le vélo avec la pompe verte a un feu avant orange.
5. Le vélo avec le feu avant jaune est à côté du vélo avec le feu avant orange.
7. Un vélo a des pédales vertes et un feu avant rouge.
6. Le vélo à côté du vélo avec les pédales vertes a des pédales orange et une selle bleue.
2. Un vélo a des pédales bleues et une selle jaune.

Jessica Gherri: Logicals für den Französischunterricht – Grundschule
© Persen Verlag, Buxtehude

3 Les anniversaires

Les anniversaires

Les enfants aiment les anniversaires et les gâteaux d'anniversaire avec des bougies.
Lis, remplis le tableau (dessine les bougies) et trouve la solution:

Qui a son anniversaire en juin? _____

nom			
mois			
bougies sur le gâteau d'anniversaire			

1. Margot a six ans.
2. L'enfant qui a son anniversaire en mai a huit ans.
3. Zoé est à droite.
4. Une fille a son anniversaire en juillet et elle a sept ans.
5. David est à côté de Zoé.

3 Les anniversaires

Les anniversaires

Tous les enfants aiment fêter les anniversaires. Et tous les enfants aiment les gâteaux d'anniversaire.

Lis, remplis le tableau (dessine les bougies) et trouve la solution:

Qui a sept bougies sur son gâteau d'anniversaire?

nom				
mois				
bougies sur le gâteau d'anniversaire				

1. L'anniversaire d'Eric est en janvier.
2. Emma est à droite.
3. Une fille a six bougies sur son gâteau d'anniversaire.
4. L'anniversaire de Léa est en juillet.
5. Un garçon a son anniversaire en mars. Il a neuf bougies sur son gâteau d'anniversaire.
6. Hugo est à côté de l'enfant qui a son anniversaire en juillet.
7. L'enfant qui a son anniversaire en mai a huit bougies sur son gâteau d'anniversaire.

Lösungen

Les anniversaires

Les enfants aiment les anniversaires et les gâteaux d'anniversaire avec des bougies.

Lis, remplis le tableau (dessine les bougies) et trouve la solution:

Qui a son anniversaire en juin? **Margot**

Une solution possible: 3 – 5 – 1 – 4 – 2

nom	**Margot**	David	Zoé
mois	**juin**	mai	juillet
bougies sur le gâteau d'anniversaire	6	8	7

3. Zoé est à droite.
5. David est à côté de Zoé.
1. Margot a six ans.
4. Une fille a son anniversaire en juillet et elle a sept ans.
2. L'enfant qui a son anniversaire en mai a huit ans.

Les anniversaires

Tous les enfants aiment fêter les anniversaires. Et tous les enfants aiment les gâteaux d'anniversaire.

Lis, remplis le tableau (dessine les bougies) et trouve la solution:

Qui a sept bougies sur son gâteau d'anniversaire? **Eric**

Une solution possible: 2 – 4 – 6 – 1 – 5 – 7 – 3

nom	Léa	Hugo	**Eric**	Emma
mois	juillet	mars	janvier	mai
bougies sur le gâteau d'anniversaire	6	9	**7**	8

2. Emma est à droite.
4. L'anniversaire de Léa est en juillet.
6. Hugo est à côté de l'enfant qui a son anniversaire en juillet.
1. L'anniversaire d'Eric est en janvier.
5. Un garçon a son anniversaire en mars. Il a neuf bougies sur son gâteau d'anniversaire.
7. L'enfant qui a son anniversaire en mai a huit bougies sur son gâteau d'anniversaire.
3. Une fille a six bougies sur son gâteau d'anniversaire.

4 Le corps

Le corps

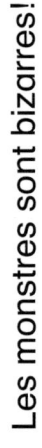

Les monstres sont bizarres!

Lis et dessine les yeux, les jambes et les bras. Puis, trouve la solution:

Quel monstre a quatre yeux? _____

Otty   Lotty   Natty

1. Un monstre a cinq jambes, trois bras et deux yeux.
2. Lotty a trois jambes.
3. Un monstre a un bras et trois yeux.
4. Le monstre avec les quatre jambes est à droite à côté de Lotty.
5. A côté du monstre avec les trois bras, il y a un monstre avec quatre bras.

4 Le corps

Le corps

Les monstres sont très étranges. Ils n'ont pas deux oreilles, deux yeux, deux bras ou deux jambes. Non!

Lis et dessine les yeux, les jambes et les bras. Puis, trouve la solution:

Quel monstre a six oreilles?

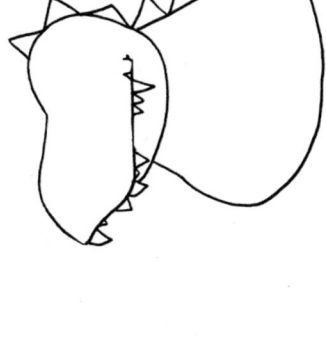

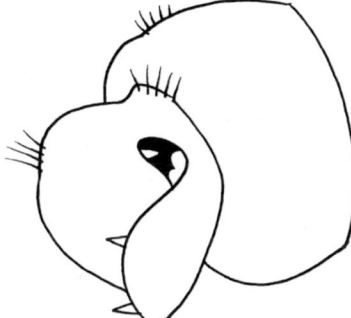

nom:

1. Le monstre à cinq bras et trois jambes est à côté du monstre à trois bras.
2. Le monstre à quatre yeux est entre le monstre à trois yeux et le monstre à deux jambes.
3. Le monstre Barney a trois yeux.
4. Un monstre a un œil et trois bras.
5. Le monstre Biggy est à droite. Il a quatre oreilles.
6. Le monstre à quatre jambes et deux bras a trois oreilles.
7. Le monstre Billy est entre le monstre Barney et le monstre Biggy.

Lösungen

Le corps

Les monstres sont bizarres!
Lis et dessine les yeux, les jambes et les bras. Puis, trouve la solution:

Quel monstre a quatre yeux? **Lotty**

Une solution possible: 2 – 4 – 1 – 5 – 3

nom	Otty	**Lotty**	Natty
jambes	5	3	4
bras	3	4	1
yeux	2	**4**	3

2. Lotty a trois jambes.
4. Le monstre avec les quatre jambes est à droite à côté de Lotty.
1. Un monstre a cinq jambes, trois bras et deux yeux.
5. A côté du monstre avec les trois bras, il y a un monstre avec quatre bras.
3. Un monstre a un bras et trois yeux.

Le corps

Les monstres sont très étranges. Ils n'ont pas deux oreilles, deux yeux, deux bras ou deux jambes. Non!
Lis et dessine les yeux, les jambes et les bras. Puis, trouve la solution:

Quel monstre a six oreilles? **Billy**

Une solution possible: 5 – 7 – 3 – 2 – 4 – 1 – 6

nom	Barney	**Billy**	Biggy
oreilles	3	**6**	4
bras	2	5	3
jambes	4	3	2
yeux	3	4	1

5. Le monstre Biggy est à droite. Il a quatre oreilles.
7. Le monstre Billy est entre le monstre Barney et le monstre Biggy.
3. Le monstre Barney a trois yeux.
2. Le monstre à quatre yeux est entre le monstre à trois yeux et le monstre à deux jambes.
4. Un monstre a un œil et trois bras.
1. Le monstre à cinq bras et trois jambes est à côté du monstre à trois bras.
6. Le monstre à quatre jambes et deux bras a trois oreilles.

5 Le petit-déjeuner

Le petit-déjeuner

Quatre enfants prennent le petit-déjeuner.
Lis, remplis le tableau et trouve la solution:

Qui mange un muesli au petit-déjeuner?

	Tristan	Mathis	Florence	Mathilde
nom				
boisson				
nourriture				

1. Un garçon mange des œufs.
2. L'enfant qui boit du thé est entre l'enfant qui boit de l'eau et l'enfant qui mange un toast.
3. A côté de l'enfant qui boit du lait est l'enfant qui boit du cacao.
4. L'enfant qui mange un yaourt est à gauche de l'enfant qui mange un toast.
5. Mathilde boit du lait.

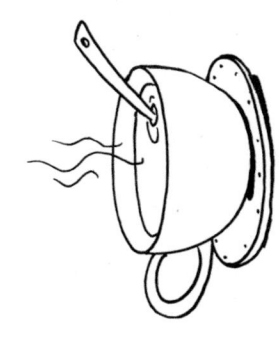

5 Le petit-déjeuner

Le petit-déjeuner

Quelques enfants français aiment manger et boire les mêmes choses au petit-déjeuner que les enfants allemands.

Lis, remplis le tableau et trouve la solution:

Qui boit du cacao au petit-déjeuner? _____

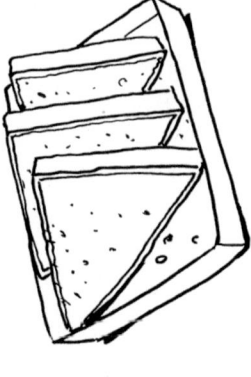

nom				
boisson				
nourriture				

1. L'enfant qui boit du thé est à côté de l'enfant qui boit du jus d'orange.
2. La fille boit du lait et mange un toast avec de la confiture au petit-déjeuner.
3. Jules est l'enfant à droite.
4. Un enfant boit du jus d'orange et mange du pain avec du beurre et du miel.
5. Valentin est entre Marie et Théo.
6. L'enfant qui mange des corn-flakes est à côté de l'enfant qui boit du lait.
7. Théo est à côté de Jules. Il mange un muesli au petit-déjeuner.

Lösungen

Le petit-déjeuner

Quatre enfants prennent le petit-déjeuner.

Lis, remplis le tableau et trouve la solution:

Qui mange un muesli au petit-déjeuner? **Mathilde**

Une solution possible: 5 – 3 – 2 – 4 – 1

nom	Tristan	Mathis	Florence	**Mathilde**
boisson	de l'eau	du thé	du cacao	du lait
nourriture	des œufs	un yaourt	un toast	**un muesli**

5. Mathilde boit du lait.
3. A côté de l'enfant qui boit du lait est l'enfant qui boit du cacao.
2. L'enfant qui boit du thé est entre l'enfant qui boit de l'eau et l'enfant qui mange un toast.
4. L'enfant qui mange un yaourt est à gauche de l'enfant qui mange un toast.
1. Un garçon mange des œufs.

Le petit-déjeuner

Quelques enfants français aiment manger et boire les mêmes choses au petit-déjeuner que les enfants allemands.

Lis, remplis le tableau et trouve la solution:

Qui boit du cacao au petit-déjeuner? **Valentin**

Une solution possible: 3 – 7 – 5 – 2 – 6 – 4 – 1

nom	Marie	**Valentin**	Théo	Jules
boisson	du lait	**du cacao**	du thé	du jus d'orange
nourriture	un toast avec de la confiture	des corn-flakes	un muesli	du pain avec du beurre et du miel

3. Jules est l'enfant à droite.
7. Théo est à côté de Jules. Il mange un muesli au petit-déjeuner.
5. Valentin est entre Marie et Théo.
2. La fille boit du lait et mange un toast avec de la confiture au petit-déjeuner.
6. L'enfant qui mange des corn-flakes est à côté de l'enfant qui boit du lait.
4. Un enfant boit du jus d'orange et mange du pain avec du beurre et du miel.
1. L'enfant qui boit du thé est à côté de l'enfant qui boit du jus d'orange.

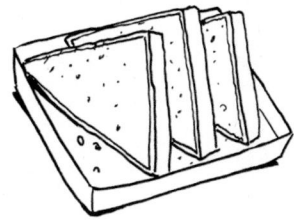

6 Les arbres de Noël

Les arbres de Noël

Les arbres de Noël sont décorés avec des bougies et des boules.

Lis, colorie et trouve la solution:

Quel arbre de Noël a des boules violettes?

arbre de Noël n° 1

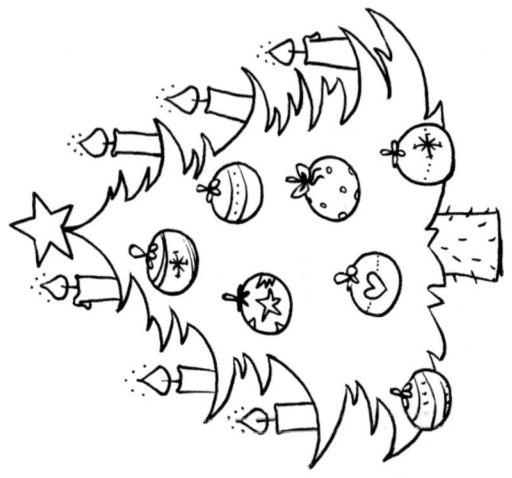

arbre de Noël n° 2

arbre de Noël n° 3

1. Entre l'arbre vert et l'arbre bleu, il y a un arbre rouge.
2. Un arbre de Noël a des bougies orange et des boules rouges.
3. L'arbre de Noël bleu a des bougies jaunes.
4. L'arbre de Noël à gauche est vert.
5. A côté de l'arbre avec des bougies jaunes, il y a un arbre avec des bougies vertes et des boules bleues.

6 Les arbres de Noël

Les arbres de Noël

A Noël, trois enfants décorent leurs arbres avec des boules, des bougies et une étoile.

Lis, colorie et trouve la solution:

Qui a l'arbre de Noël avec l'étoile violette?

nom:

1. Les bougies jaunes et l'étoile bleue sont sur le même arbre.
2. Un garçon a un arbre avec une étoile jaune.
3. L'arbre de Noël de Tom est à côté de l'arbre de Noël de Jeanne.
4. Un arbre a des boules vertes et des bougies orange.
5. L'arbre de Noël avec les boules rouges est à côté de l'arbre avec les boules bleues.
6. L'arbre de Noël à droite est à Jeanne.
7. Bruno décore son arbre avec des boules bleues et des bougies violettes.

Lösungen

Les arbres de Noël

Les arbres de Noël sont décorés avec des bougies et des boules.
Lis, colorie et trouve la solution:

Quel arbre de Noël a des boules violettes? **L'arbre de Noël n° 3**

Une solution possible: 4 – 1 – 3 – 5 – 2

	arbre de Noël n° 1	arbre de Noël n° 2	**arbre de Noël n° 3**
bougies	orange	vert	jaune
arbre	vert	rouge	bleu
boules	rouge	bleu	**violet**

4. L'arbe de Noël à gauche est vert.
1. Entre l'arbre vert et l'arbre bleu, il y a un arbre rouge.
3. L'arbre de Noël bleu a des bougies jaunes.
5. A côté de l'arbre avec des bougies jaunes, il y a un arbre avec des bougies vertes et des boules bleues.
2. Un arbre de Noël a des bougies orange et des boules rouges.

Les arbres de Noël

A Noël, trois enfants décorent leurs arbres avec des boules, des bougies et une étoile.
Lis, colorie et trouve la solution:

Qui a l'arbre de Noël avec l'étoile violette? **Jeanne**

Une solution possible: 6 – 3 – 7 – 5 – 4 – 1 – 2

nom	Bruno	Tom	**Jeanne**
boules	bleu	rouge	vert
bougies	violet	jaune	orange
étoile	jaune	bleu	**violet**

6. L'arbre de Noël à droite est à Jeanne.
3. L'arbre de Noël de Tom est à côté de l'arbre de Noël de Jeanne.
7. Bruno décore son arbre avec des boules bleues et des bougies violettes.
5. L'arbre de Noël avec les boules rouges est à côté de l'arbre avec les boules bleues.
4. Un arbre a des boules vertes et des bougies orange.
1. Les bougies jaunes et l'étoile bleue sont sur le même arbre.
2. Un garçon a un arbre avec une étoile jaune.

7 Les vêtements d'été

Les vêtements d'été

En été, beaucoup d'enfants portent des t-shirts, des chaussures et des pantalons.

Lis, colorie et trouve la solution:

Qui porte un t-shirt vert? _____

Olivier Pauline Antoine

1. Un enfant a un pantalon jaune et des chaussures vertes.
2. L'enfant à droite porte un pantalon bleu et des chaussures jaunes.
3. A gauche de l'enfant en t-shirt jaune, il y a un enfant avec un t-shirt orange.
4. Un enfant porte des chaussures bleues et un t-shirt jaune.
5. A côté de l'enfant en pantalon bleu, il y a un enfant avec un pantalon rouge.

7 Les vêtements d'été

Les vêtements d'été

En été, les enfants portent des t-shirts, des chaussures, des casquettes et des pantalons ou des jupes.

Lis, colorie et trouve la solution:

Qui porte une casquette violette?

nom:

1. David porte un pantalon bleu et un t-shirt jaune.
2. Un enfant porte des chaussures bleues et une casquette rouge.
3. Un garçon porte des chaussures vertes.
4. Un garçon porte un pantalon orange et un t-shirt gris.
5. Marion porte une jupe noire et un t-shirt vert.
6. L'enfant en t-shirt gris porte des chaussures marron et une casquette bleue.
7. Robin est à côté de l'enfant en t-shirt vert.

Lösungen

Les vêtements d'été

En été, beaucoup d'enfants portent des t-shirts, des chaussures et des pantalons.
Lis, colorie et trouve la solution:

Qui porte un t-shirt vert? **Antoine**

Une solution possible: 2 – 5 – 1 – 4 – 3

nom	Olivier	Pauline	**Antoine**
pantalon	jaune	rouge	bleu
chaussures	vert	bleu	jaune
t-shirt	orange	jaune	**vert**

2. L'enfant à droite porte un pantalon bleu et des chaussures jaunes.
5. A côté de l'enfant en pantalon bleu, il y a un enfant avec un pantalon rouge.
1. Un enfant a un pantalon jaune et des chaussures vertes.
4. Un enfant porte des chaussures bleues et un t-shirt jaune.
3. A gauche de l'enfant en t-shirt jaune, il y a un enfant avec un t-shirt orange.

Les vêtements d'été

En été, les enfants portent des t-shirts, des chaussures, des casquettes et des pantalons ou des jupes.
Lis, colorie et trouve la solution:

Qui porte une casquette violette? **David**

Une solution possible: 5 – 7 – 1 – 4 – 6 – 3 – 2

nom	**David**	Robin	Marion
t-shirt	jaune	gris	vert
pantalon/jupe	bleu	orange	noir
chaussures	vert	marron	bleu
casquette	**violet**	bleu	rouge

5. Marion porte une jupe noire et un t-shirt vert.
7. Robin est à côté de l'enfant en t-shirt vert.
1. David porte un pantalon bleu et un t-shirt jaune.
4. Un garçon porte un pantalon orange et un t-shirt gris.
6. L'enfant en t-shirt gris porte des chaussures marron et une casquette bleue.
3. Un garçon porte des chaussures vertes.
2. Un enfant porte des chaussures bleues et une casquette rouge.

8 Les vêtements d'hiver

Les vêtements d'hiver

Trois enfants portent des vêtements d'hiver.

Lis, colorie et trouve la solution :

Qui a un bonnet de laine orange ? _____

Elise   Bastien   Léonie

1. L'enfant qui porte la veste bleue est à côté de l'enfant en veste verte.
2. Un enfant a une écharpe rouge et un bonnet de laine violet.
3. Un enfant a une veste rouge et une écharpe verte.
4. Elise porte une veste verte.
5. Une fille a une écharpe bleue et un bonnet de laine jaune.

8 Les vêtements d'hiver

Les vêtements d'hiver

En hiver, les enfants portent des vêtements chauds. Les vêtements des trois enfants sont colorés.

Lis, colorie et trouve la solution:

De quelle couleur est l'écharpe de Bastien? _____

Bastien   Charles   Jade

1. Un enfant porte une veste orange, des gants marron et un bonnet de laine rouge.
2. Un enfant a un bonnet de laine bleu et une écharpe verte.
3. Un enfant a une écharpe jaune.
4. L'enfant avec la veste verte et les gants bleus est à côté de l'enfant qui porte des gants rouges.
5. L'enfant avec l'écharpe rouge est à côté de l'enfant avec l'écharpe verte.
6. La fille porte une veste jaune et des gants rouges.
7. L'enfant avec le bonnet de laine jaune est à côté de l'enfant qui porte le bonnet de laine rouge.

Lösungen

Les vêtements d'hiver

Trois enfants portent des vêtements d'hiver.
Lis, colorie et trouve la solution:

Qui a un bonnet de laine orange? **Léonie**

Une solution possible: 4 – 1 – 3 – 5 – 2

nom	Elise	Bastien	**Léonie**
bonnet de laine	jaune	violet	**orange**
écharpe	bleu	rouge	vert
veste	vert	bleu	rouge

4. Elise porte une veste verte.
1. L'enfant qui porte la veste bleue est à côté de l'enfant en veste verte.
3. Un enfant a une veste rouge et une écharpe verte.
5. Une fille a une écharpe bleue et un bonnet de laine jaune.
2. Un enfant a une écharpe rouge et un bonnet de laine violet.

Les vêtements d'hiver

En hiver, les enfants portent des vêtements chauds. Les vêtements des trois enfants sont colorés.
Lis, colorie et trouve la solution:

De quelle couleur est l'écharpe de Bastien? **jaune**

Une solution possible: 6 – 4 – 1 – 7 – 2 – 5 – 3

nom	**Bastien**	Charles	Jade
bonnet de laine	rouge	jaune	bleu
écharpe	**jaune**	rouge	vert
veste	orange	vert	jaune
gants	marron	bleu	rouge

6. La fille porte une veste jaune et des gants rouges.
4. L'enfant avec la veste verte et les gants bleus est à côté de l'enfant qui porte des gants rouges.
1. Un enfant porte une veste orange, des gants marron et un bonnet de laine rouge.
7. L'enfant avec le bonnet de laine jaune est à côté de l'enfant qui porte le bonnet de laine rouge.
2. Un enfant a un bonnet de laine bleu et une écharpe verte.
5. L'enfant avec l'écharpe rouge est à côté de l'enfant avec l'écharpe verte.
3. Un enfant a une écharpe jaune.

9 Les clowns

Les clowns

Au cirque, tu peux voir des clowns. Leurs visages sont toujours très colorés.

Lis, colorie et trouve la solution:

Quel clown a la bouche rose?

clown n° 1   clown n° 2   clown n° 3

1. Un clown a les yeux jaunes et le nez rouge.
2. Clown n° 3 a les yeux bleus.
3. Un clown a le nez violet et la bouche marron.
4. A côté du clown avec le nez rouge, est le clown avec le nez vert et la bouche bleue.
5. Le clown avec les yeux orange est à côté du clown qui a les yeux bleus.

9 Les clowns

Les clowns

Les enfants trouvent les clowns et leurs visages colorés très drôles.

Lis, colorie et trouve la solution:

Quel clown a les cheveux rouges? _____

clown n° 1   clown n° 2   clown n° 33

1. Le clown avec le nez jaune est à côté du clown avec le nez rose.
2. Un clown a la bouche bleue et les cheveux jaunes.
3. Le clown à gauche a les yeux verts.
4. Un clown a les yeux orange et le nez rose.
5. Un clown a le nez bleu et la bouche orange.
6. Le clown avec les yeux marron est à côté du clown avec les yeux verts.
7. A côté du clown avec la bouche orange, il y a un clown avec la bouche rouge et les cheveux verts.

Lösungen

Les clowns

Au cirque, tu peux voir des clowns. Leurs visages sont toujours très colorés.
Lis, colorie et trouve la solution:

Quel clown a la bouche rose? **Clown n° 1**

Une solution possible: 2 – 5 – 1 – 4 – 3

	clown n° 1	clown n° 2	clown n° 3
nez	rouge	vert	violet
bouche	**rose**	bleu	marron
yeux	jaune	orange	bleu

2. Clown n° 3 a les yeux bleus.
5. Le clown avec les yeux orange est à côté du clown qui a les yeux bleus.
1. Un clown a les yeux jaunes et le nez rouge.
4. A côté du clown avec le nez rouge, est le clown avec le nez vert et la bouche bleue.
3. Un clown a le nez violet et la bouche marron.

Les clowns

Les enfants trouvent les clowns et leurs visages colorés très drôles.
Lis, colorie et trouve la solution:

Quel clown a les cheveux rouges? **Clown n° 1**

Une solution possible: 3 – 6 – 4 – 1 – 5 – 7 – 2

	clown n° 1	clown n° 2	clown n° 3
yeux	vert	marron	orange
nez	bleu	jaune	rose
bouche	orange	rouge	bleu
cheveux	**rouge**	vert	jaune

3. Le clown à gauche a les yeux verts.
6. Le clown avec les yeux marron est à côté du clown avec les yeux verts.
4. Un clown a les yeux orange et le nez rose.
1. Le clown avec le nez jaune est à côté du clown avec le nez rose.
5. Un clown a le nez bleu et la bouche orange.
7. A côté du clown avec la bouche orange, il y a un clown avec la bouche rouge et les cheveux verts.
2. Un clown a la bouche bleue et les cheveux jaunes.

10 Les pays

Les pays

Les trois enfants viennent des pays d'Europe.

Lis, remplis le tableau et trouve la solution:

Qui vient d'Angleterre? _____

nom			
âge			
pays			

1. Laura a huit ans. Elle est à côté de Thomas.
2. Axel a neuf ans.
3. Thomas est à gauche.
4. Un garçon vient d'Allemagne.
5. L'enfant de sept ans vient de Finlande.

10 Les pays

Les pays

Voici quatre enfants. Ils viennent des pays d'Europe.
Lis, remplis le tableau et trouve la solution:

Qui vient d'Allemagne? _____

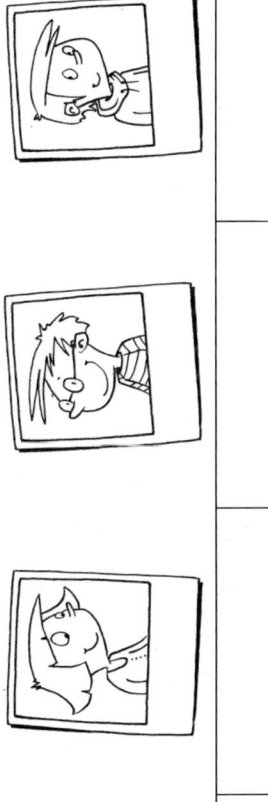

nom				
âge				
pays				

1. Pierre vient de France.
2. L'enfant entre Michael et la fille de dix ans a onze ans.
3. Un enfant vient de Turquie. Il a douze ans.
4. Aisha est la fille à gauche.
5. Eva a dix ans.
6. L'enfant d'Angleterre est à côté de l'enfant de Turquie.
7. L'enfant de neuf ans est à côté de l'enfant de France.

Lösungen

Les pays

Les trois enfants viennent des pays d'Europe.
Lis, remplis le tableau et trouve la solution:

Qui vient d'Angleterre? **Laura**

Une solution possible: 3 – 1 – 2 – 5 – 4

nom	Thomas	**Laura**	Axel
âge	7	8	9
pays	Finlande	**Angleterre**	Allemagne

3. Thomas est à gauche.
1. Laura a huit ans. Elle est à côté de Thomas.
2. Axel a neuf ans.
5. L'enfant de sept ans vient de Finlande.
4. Un garçon vient d'Allemagne.

Les pays

Voici quatre enfants. Ils viennent des pays d'Europe.
Lis, remplis le tableau et trouve la solution:

Qui vient d'Allemagne? **Eva**

Une solution possible: 4 – 5 – 2 – 1 – 7 – 3 – 6

nom	Aisha	Michael	Pierre	**Eva**
âge	12	9	11	10
pays	Turquie	Angleterre	France	**Allemagne**

4. Aisha est la fille à gauche.
5. Eva a dix ans.
2. L'enfant entre Michael et la fille de dix ans a onze ans.
1. Pierre vient de France.
7. L'enfant de neuf ans est à côté de l'enfant de France.
3. Un enfant vient de Turquie. Il a douze ans.
6. L'enfant d'Angleterre est à côté de l'enfant de Turquie.

11 Le panier de Pâques

Le panier de Pâques

Dans chaque panier, il y a des œufs rouges, bleus et jaunes.

Lis, colorie les œufs et trouve la solution:

Dans quel panier est-ce qu'il y a quatre œufs bleus?

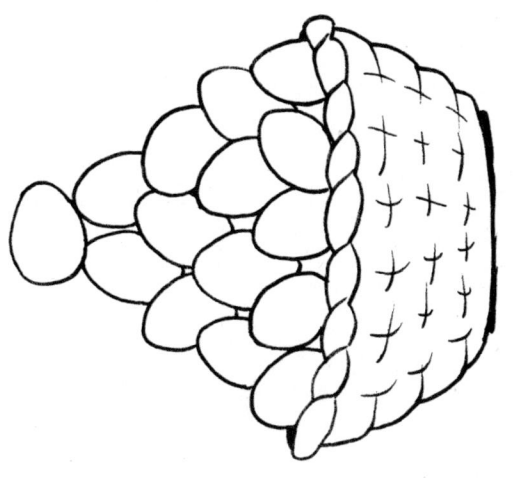

panier n° 1   panier n° 2   panier n° 3

1. Il y a cinq œufs jaunes et six œufs rouges dans le même panier.
2. A droite du panier avec quatre œufs jaunes, il y a un panier avec sept œufs jaunes.
3. Il y a trois œufs rouges et cinq œufs bleus dans le même panier.
4. A côté du panier avec six œufs rouges, il y a un panier avec huit œufs rouges et trois œufs bleus.
5. Dans le panier au milieu, il y a quatre œufs jaunes.

Le panier de Pâques

11 Le panier de Pâques

A Pâques, les enfants cherchent des œufs de Pâques. Ils les mettent dans des paniers marron.

Lis, colorie les œufs et trouve la solution:

Quel enfant a deux œufs jaunes dans son panier?

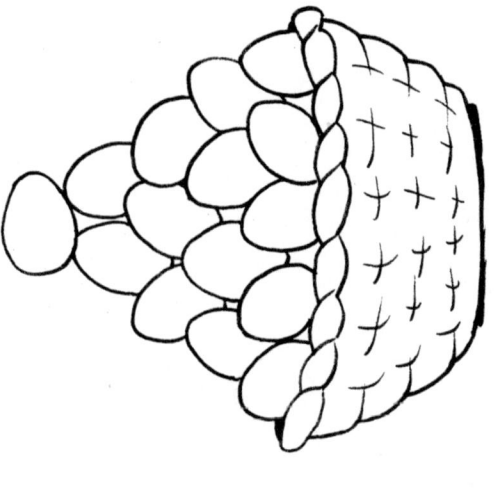

Nicolas **Chloé** **Isabelle**

1. Il y a cinq œufs rouges et cinq œufs bleus dans le même panier.
2. Le panier avec trois œufs verts est à côté du panier avec un œuf vert et quatre œufs jaunes.
3. Il y a un œuf vert et sept œufs bleus dans le même panier.
4. Le panier avec six œufs bleus est à côté du panier avec cinq œufs bleus.
5. Dans le panier à gauche, il y a trois œufs rouges.
6. Il y a deux œufs verts et trois œufs jaunes dans le même panier.
7. A côté du panier avec trois œufs rouges, il y a un panier avec quatre œufs rouges.

Lösungen

Le panier de Pâques

Dans chaque panier, il y a des œufs rouges, bleus et jaunes.

Lis, colorie les œufs et trouve la solution:

Dans quel panier est-ce qu'il y a quatre œufs bleus? **Dans le panier n° 1**

Une solution possible: 5 – 2 – 1 – 4 – 3

	panier n° 1	panier n° 2	panier n° 3
des œufs bleus	4	3	5
des œufs jaunes	5	4	7
des œufs rouges	6	8	3

5. Dans le panier au milieu, il y a quatre œufs jaunes.
2. A droite du panier avec quatre œufs jaunes, il y a un panier avec sept œufs jaunes.
1. Il y a cinq œufs jaunes et six œufs rouges dans le même panier.
4. A côté du panier avec six œufs rouges, il y a un panier avec huit œufs rouges et trois œufs bleus.
3. Il y a trois œufs rouges et cinq œufs bleus dans le même panier.

Le panier de Pâques

A Pâques, les enfants cherchent des œufs de Pâques. Ils les mettent dans des paniers marron.

Lis, colorie les œufs et trouve la solution:

Quel enfant a deux œufs jaunes dans son panier? **Chloé**

Une solution possible: 5 – 7 – 1 – 4 – 3 – 2 – 6

nom	Nicolas	**Chloé**	Isabelle
des œufs bleus	7	6	5
des œufs verts	1	3	2
des œufs jaunes	4	**2**	3
des œufs rouges	3	4	5

5. Dans le panier à gauche, il y a trois œufs rouges.
7. A côté du panier avec trois œufs rouges, il y a un panier avec quatre œufs rouges.
1. Il y a cinq œufs rouges et cinq œufs bleus dans le même panier.
4. Le panier avec six œufs bleus est à côté du panier avec cinq œufs bleus.
3. Il y a un œuf vert et sept œufs bleus dans le même panier.
2. Le panier avec trois œufs verts est à côté du panier avec un œuf vert et quatre œufs jaunes.
6. Il y a deux œufs verts et trois œufs jaunes dans le même panier.

12 Les œufs de Pâques

Les œufs de Pâques

Voici trois œufs de Pâques.

Lis, colorie et trouve la solution:

Quel œuf de Pâques a un ruban rouge? _____

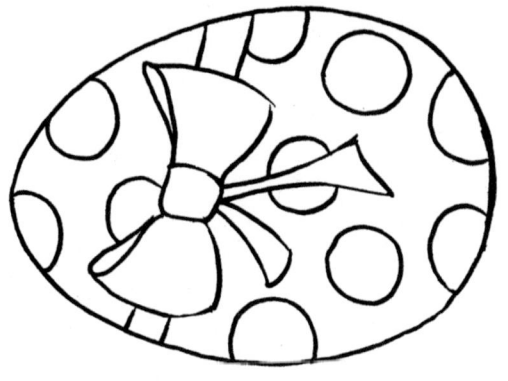

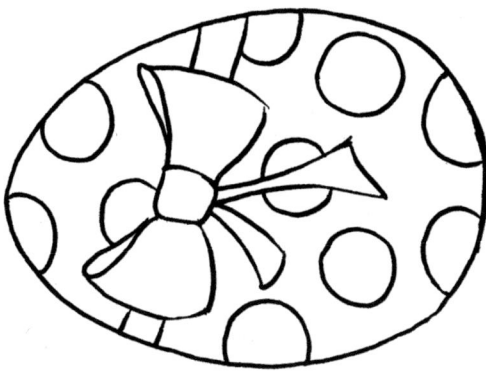

œuf de Pâques n° 1   œuf de Pâques n° 2   œuf de Pâques n° 3

1. L'œuf avec les points verts est à côté de l'œuf avec les points bleus.
2. L'œuf de Pâques jaune est à côté de l'œuf de Pâques orange.
3. Un œuf a des points rouges et un ruban bleu.
4. L'œuf de Pâques n° 3 est orange.
5. L'œuf de Pâques rose a des points bleus et un ruban jaune.

12 Les œufs de Pâques

Les œufs de Pâques

A Pâques, les enfants décorent et colorient des œufs de Pâques avec beaucoup de couleurs.

Lis, colorie et trouve la solution:

Quel œuf de Pâques a un ruban violet?

œuf de Pâques n° 1   œuf de Pâques n° 2   œuf de Pâques n° 3

1. L'œuf de Pâques avec des rayures rouges et des étoiles jaunes est à côté de l'œuf avec des étoiles vertes.
2. L'œuf de Pâques avec des points verts est à côté de l'œuf avec des points rouges.
3. L'œuf de Pâques avec le ruban bleu est à côté de l'œuf avec le ruban vert.
4. L'œuf de Pâques à gauche a des rayures jaunes.
5. Un œuf de Pâques a des points bleus, des rayures orange et des étoiles vertes.
6. L'œuf de Pâques avec des étoiles orange a un ruban vert.
7. L'œuf de Pâques avec des rayures jaunes a des points rouges.

Lösungen

Les œufs de Pâques

Voici trois œufs de Pâques.
Lis, colorie et trouve la solution:

Quel œuf de Pâques a un ruban rouge? **L'œuf de Pâques n° 2**

Une solution possible: 4 – 2 – 5 – 1 – 3

	œuf de Pâques n° 1	**œuf de Pâques n° 2**	œuf de Pâques n° 3
points	bleu	vert	rouge
ruban	jaune	**rouge**	bleu
œuf de Pâques	rose	jaune	orange

4. L'œuf de Pâques n° 3 est orange.
2. L'œuf de Pâques jaune est à côté de l'œuf de Pâques orange.
5. L'œuf de Pâques rose a des points bleus et un ruban jaune.
1. L'œuf avec les points verts est à côté de l'œuf avec les points bleus.
3. Un œuf a des points rouges et un ruban bleu.

Les œufs de Pâques

A Pâques, les enfants décorent et colorient des œufs de Pâques avec beaucoup de couleurs.
Lis, colorie et trouve la solution:

Quel œuf de Pâques a un ruban violet? **L'œuf de Pâques n° 3**

Une solution possible: 4 – 7 – 2 – 5 – 1 – 6 – 3

	œuf de Pâques n° 1	œuf de Pâques n° 2	**œuf de Pâques n° 3**
points	rouge	vert	bleu
étoiles	orange	jaune	vert
ruban	vert	bleu	**violet**
rayures	jaune	rouge	orange

4. L'œuf de Pâques à gauche a des rayures jaunes.
7. L'œuf de Pâques avec des rayures jaunes a des points rouges.
2. L'œuf de Pâques avec des points verts est à côté de l'œuf avec des points rouges.
5. Un œuf de Pâques a des points bleus, des rayures orange et des étoiles vertes.
1. L'œuf de Pâques avec des rayures rouges et des étoiles jaunes est à côté de l'œuf avec des étoiles vertes.
6. L'œuf de Pâques avec des étoiles orange a un ruban vert.
3. L'œuf de Pâques avec le ruban bleu est à côté de l'œuf avec le ruban vert.

Jessica Gherri: Logicals für den Französischunterricht – Grundschule
© Persen Verlag, Buxtehude

13 Les fleurs

Les fleurs

Au printemps, les enfants cueillent des fleurs. Ils ont des fleurs en couleurs différentes. Deux fleurs ont la même couleur, une fleur a une autre couleur.

Lis, colorie et trouve la solution:

Qui a la fleur violette? _____

Sophie   Léa   Janine   Patrick

1. Un enfant a deux fleurs jaunes et une fleur verte.
2. La fille à gauche a deux fleurs rouges.
3. Une fille a deux fleurs orange.
4. Entre l'enfant avec la fleur verte et l'enfant avec la fleur rose, il y a un enfant avec une fleur marron.
5. A côté de la fille avec les fleurs rouges, il y a un enfant avec deux fleurs bleues.

13 Les fleurs

Les fleurs

Les fleurs poussent au printemps. Quelquefois, les enfants les cueillent pour leurs mères.
Les enfants ont cueilli des fleurs en couleurs différentes. Trois fleurs ont la même couleur et deux fleurs ont une autre couleur.

Lis, colorie et trouve la solution:

Qui a trois fleurs orange?

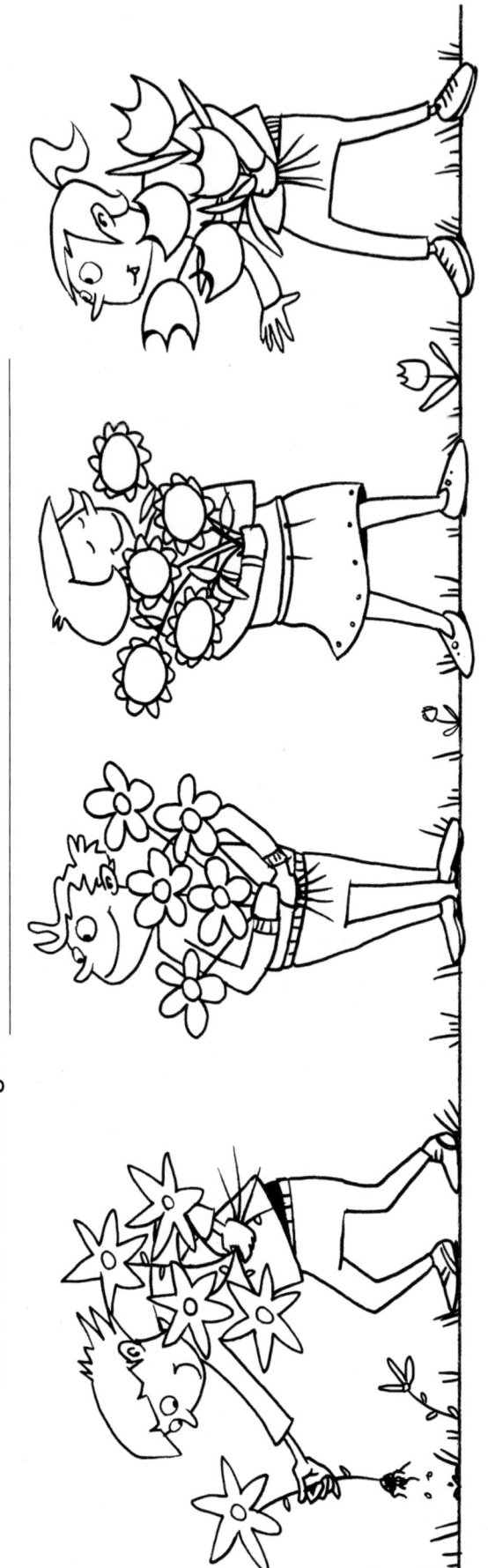

nom:

1. Mathis a deux fleurs orange et trois fleurs violettes.
2. Fabienne est à côté de Pauline.
3. Une fille a trois fleurs marron.
4. Richard est à côté de Fabienne.
5. Un enfant a deux fleurs roses et trois fleurs bleues.
6. Pauline est à droite. Elle a deux fleurs jaunes.
7. Un garçon a deux fleurs rouges.

Lösungen

Les fleurs

Au printemps, les enfants cueillent des fleurs. Ils ont des fleurs en couleurs différentes. Deux fleurs ont la même couleur, une fleur a une autre couleur.

Lis, colorie et trouve la solution:

Qui a la fleur violette? **Sophie**

Une solution possible: 2 – 5 – 3 – 1 – 4

nom	**Sophie**	Léa	Janine	Patrick
couleur d'une fleur	**violet**	rose	marron	vert
couleur des deux fleurs	rouge	bleu	orange	jaune

2. La fille à gauche a deux fleurs rouges.
5. A côté de la fille avec les fleurs rouges, il y a un enfant avec deux fleurs bleues.
3. Une fille a deux fleurs orange.
1. Un enfant a deux fleurs jaunes et une fleur verte.
4. Entre l'enfant avec la fleur verte et l'enfant avec la fleur rose, il y a un enfant avec une fleur marron.

Les fleurs

Les fleurs poussent au printemps. Quelquefois, les enfants les cueillent pour leurs mères. Les enfants ont cueilli des fleurs en couleurs différentes. Trois fleurs ont la même couleur et deux fleurs ont une autre couleur.

Lis, colorie et trouve la solution:

Qui a trois fleurs orange? **Richard**

Une solution possible: 6 – 2 – 4 – 1 – 7 – 5 – 3

nom	Mathis	**Richard**	Fabienne	Pauline
couleur des deux fleurs	orange	rouge	rose	jaune
couleur des trois fleurs	violet	**orange**	bleu	marron

6. Pauline est à droite. Elle a deux fleurs jaunes.
2. Fabienne est à côté de Pauline.
4. Richard est à côté de Fabienne.
1. Mathis a deux fleurs orange et trois fleurs violettes.
7. Un garçon a deux fleurs rouges.
5. Un enfant a deux fleurs roses et trois fleurs bleues.
3. Une fille a trois fleurs marron.

14 La famille

La famille

Beaucoup d'enfants ont des frères et sœurs.

Lis, remplis le tableau et trouve la solution :

Qui a **une sœur**? _____

nom			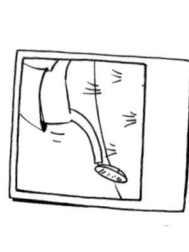
âge			
membres de la famille			

1. Un garçon a trois frères.
2. Victor est à droite. Il a dix ans.
3. Margot a neuf ans.
4. L'enfant de huit ans a deux sœurs.
5. Samuel est à côté de Victor.

14 La famille

La famille

Les enfants parlent de leurs familles.
Lis, remplis le tableau et trouve la solution:

Qui a deux frères? _____

nom				
couleur de cheveux				
membres de la famille				

1. Nathan a les cheveux roux.
2. Une fille a **un** grand-père.
3. Julien est à gauche. Il a les cheveux noirs.
4. L'enfant avec les cheveux marron est à côté de l'enfant avec les cheveux roux.
5. L'enfant qui a trois sœurs est à côté de l'enfant qui a **un** grand-père.
6. Morgane est entre Julien et Amélie.
7. L'enfant avec les cheveux blonds a deux grands-mères.

Lösungen

La famille

Beaucoup d'enfants ont des frères et sœurs.

Lis, remplis le tableau et trouve la solution:

Qui a **une** sœur? **Margot**

Une solution possible: 2 – 5 – 3 – 4 – 1

nom	Margot	Samuel	Victor
âge	9	8	10
membres de la famille	**1 sœur**	2 sœurs	3 frères

2. Victor est à droite. Il a dix ans.
5. Samuel est à côté de Victor.
3. Margot a neuf ans.
4. L'enfant de huit ans a deux sœurs.
1. Un garçon a trois frères.

La famille

Les enfants parlent de leurs familles.

Lis, remplis le tableau et trouve la solution:

Qui a deux frères? **Julien**

Une solution possible: 3 – 6 – 1 – 4 – 7 – 2 – 5

nom	**Julien**	Morgane	Amélie	Nathan
couleur de cheveux	noir	blond	marron	roux
membres de la famille	**2 frères**	2 grands-mères	1 grand-père	3 sœurs

3. Julien est à gauche. Il a les cheveux noirs.
6. Morgane est entre Julien et Amélie.
1. Nathan a les cheveux roux.
4. L'enfant avec les cheveux marron est à côté de l'enfant avec les cheveux roux.
7. L'enfant avec les cheveux blonds a deux grands-mères.
2. Une fille a **un** grand-père.
5. L'enfant qui a trois sœurs est à côté de l'enfant qui a **un** grand-père.

Jessica Gherri: Logicals für den Französischunterricht – Grundschule
© Persen Verlag, Buxtehude

15 Les animaux de la ferme

Les animaux de la ferme

Dans une ferme, tu peux voir des vaches, des cochons et des poules.

Lis, remplis le tableau et trouve la solution:

Dans quelle ferme est-ce qu'il y a deux poules?

	ferme n° 1	ferme n° 2	ferme n° 3
cochons			
vaches			
poules			

1. Il y a quatre cochons et deux vaches dans la même ferme.
2. Il y a trois vaches et trois poules dans la même ferme.
3. Dans la ferme n° 1, il y a trois cochons.
4. A côté de la ferme avec deux vaches, il y a une ferme avec une vache et quatre poules.
5. Il y a deux cochons dans la ferme à côté de la ferme avec trois cochons.

15 Les animaux de la ferme

Les animaux de la ferme

Dans une ferme, tu peux voir beaucoup d'animaux. Il y a des moutons, des vaches, des cochons et des poules.

Lis, remplis le tableau et trouve la solution:

Dans quelle ferme est-ce qu'il y a huit moutons?

	ferme n° 1	ferme n° 2	ferme n° 3
moutons			
cochons			
vaches			
poules			

1. Il y a sept moutons et trois poules dans la même ferme.
2. A côté de la ferme avec deux cochons, il y a une ferme avec quatre cochons.
3. A droite, il y a une ferme avec deux vaches.
4. Il y a un cochon, cinq poules et deux moutons dans la même ferme.
5. Il y a une vache dans la ferme à côté de la ferme avec deux vaches.
6. Il y a quatre vaches et deux cochons dans la même ferme.
7. A côté de la ferme avec cinq poules, il y a une ferme avec six poules.

Lösungen

Les animaux de la ferme

Dans une ferme, tu peux voir des vaches, des cochons et des poules.

Lis, remplis le tableau et trouve la solution:

Dans quelle ferme est-ce qu'il y a deux poules? **Dans la ferme n° 3**

Une solution possible: 3 – 5 – 1 – 4 – 2

	ferme n° 1	ferme n° 2	**ferme n° 3**
cochons	3	2	4
vaches	3	1	2
poules	3	4	**2**

3. Dans la ferme n° 1, il y a trois cochons.
5. Il y a deux cochons dans la ferme à côté de la ferme avec trois cochons.
1. Il y a quatre cochons et deux vaches dans la même ferme.
4. A côté de la ferme avec deux vaches, il y a une ferme avec une vache et quatre poules.
2. Il y a trois vaches et trois poules dans la même ferme.

Les animaux de la ferme

Dans une ferme, tu peux voir beaucoup d'animaux. Il y a des moutons, des vaches, des cochons et des poules.

Lis, remplis le tableau et trouve la solution:

Dans quelle ferme est-ce qu'il y a huit moutons? **Dans la ferme n° 2**

Une solution possible: 3 – 5 – 6 – 2 – 4 – 7 – 1

	ferme n° 1	**ferme n° 2**	ferme n° 3
moutons	7	**8**	2
cochons	2	4	1
vaches	4	1	2
poules	3	6	5

3. A droite, il y a une ferme avec deux vaches.
5. Il y a une vache dans la ferme à côté de la ferme avec deux vaches.
6. Il y a quatre vaches et deux cochons dans la même ferme.
2. A côté de la ferme avec deux cochons, il y a une ferme avec quatre cochons.
4. Il y a un cochon, cinq poules et deux moutons dans la même ferme.
7. A côté de la ferme avec cinq poules, il y a une ferme avec six poules.
1. Il y a sept moutons et trois poules dans la même ferme.

16 Le père Noël

Le père Noël

Le père Noël a des vêtements colorés.

Lis, colorie et trouve la solution:

Quel père Noël a un bonnet jaune?

1   2   3

1. Le père Noël avec les moufles rouges et la veste bleue est à côté du père Noël avec les moufles jaunes.
2. Le père Noël avec le bonnet rose est à côté du père Noël avec le bonnet bleu.
3. Un père Noël a des moufles orange et une veste rouge.
4. Le père Noël à gauche a des moufles jaunes.
5. Un père Noël a un bonnet bleu et une veste verte.

16 Le père Noël

Le Père Noël

Cette année, le costume du père Noël est très drôle.
Lis, colorie et trouve la solution:

Quel père Noël porte un bonnet violet?

1. Le père Noël avec la veste orange a des moufles bleues.
2. Un père Noël porte un pantalon orange et des moufles rouges.
3. Le père Noël à gauche porte un pantalon jaune.
4. Le père Noël en veste verte porte un bonnet bleu.
5. A côté du père Noël avec le bonnet bleu, est le père Noël avec le bonnet vert.
6. Le père Noël avec le pantalon violet est à côté du père Noël avec le pantalon jaune.
7. Le père Noël avec les moufles orange et la veste jaune est à côté du père Noël avec les moufles rouges.

Lösungen

Le père Noël

Le père Noël a des vêtements colorés.
Lis, colorie et trouve la solution:

Quel père Noël a un bonnet jaune? **Le père Noël n° 3**

Une solution possible: 4 – 1 – 3 – 5 – 2

Le père Noël	1	2	3
veste	vert	bleu	rouge
moufles	jaune	rouge	orange
bonnet	bleu	rose	**jaune**

4. Le père Noël à gauche a des moufles jaunes.
1. Le père Noël avec les moufles rouges et la veste bleue est à côté du père Noël avec les moufles jaunes.
3. Un père Noël a des moufles orange et une veste rouge.
5. Un père Noël a un bonnet bleu et une veste verte.
2. Le père Noël avec le bonnet rose est à côté du père Noël avec le bonnet bleu.

Le père Noël

Cette année, le costume du père Noël est très drôle.
Lis, colorie et trouve la solution:

Quel père Noël porte un bonnet violet? **Le père Noël n° 1**

Une solution possible: 3 – 6 – 2 – 7 – 1 – 4 – 5

Le père Noël	1	2	3
veste	orange	jaune	vert
moufles	bleu	orange	rouge
pantalon	jaune	violet	orange
bonnet	**violet**	vert	bleu

3. Le père Noël à gauche porte un pantalon jaune.
6. Le père Noël avec le pantalon violet est à côté du père Noël avec le pantalon jaune.
2. Un père Noël porte un pantalon orange et des moufles rouges.
7. Le père Noël avec les moufles orange et la veste jaune est à côté du père Noël avec les moufles rouges.
1. Le père Noël avec la veste orange a des moufles bleues.
4. Le père Noël en veste verte porte un bonnet bleu.
5. A côté du père Noël avec le bonnet bleu, est le père Noël avec le bonnet vert.

17 Les fruits

Les fruits

Voici trois coupes avec des fruits.
Lis, colorie et trouve la solution:

Dans quelle coupe est-ce qu'il y a une poire rouge?

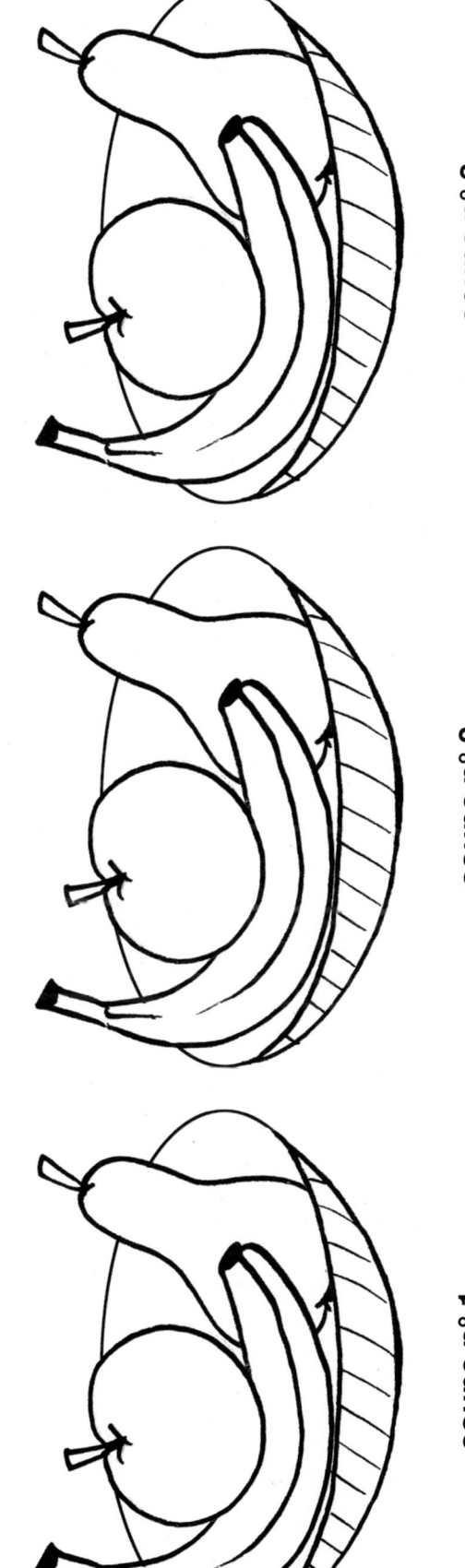

coupe n° 1   coupe n° 2   coupe n° 3

1. Dans la coupe n° 1, il y a une pomme verte.
2. Il y a une pomme jaune et une banane verte dans la même coupe.
3. Il y a une poire jaune et une banane marron dans la même coupe.
4. Une coupe avec une pomme rouge est à côté de la coupe avec la pomme verte.
5. Il y a une banane jaune et une poire marron dans la coupe à côté de la coupe avec la banane verte.

Les fruits

17 Les fruits

Voici trois coupes avec des fruits. Dans chaque coupe, il y a des fruits. Dans chaque coupe, il y a des bananes, des cerises, des pommes et des oranges.

Lis, dessine et trouve la solution:

Combien de pommes sont dans la coupe n° 1?

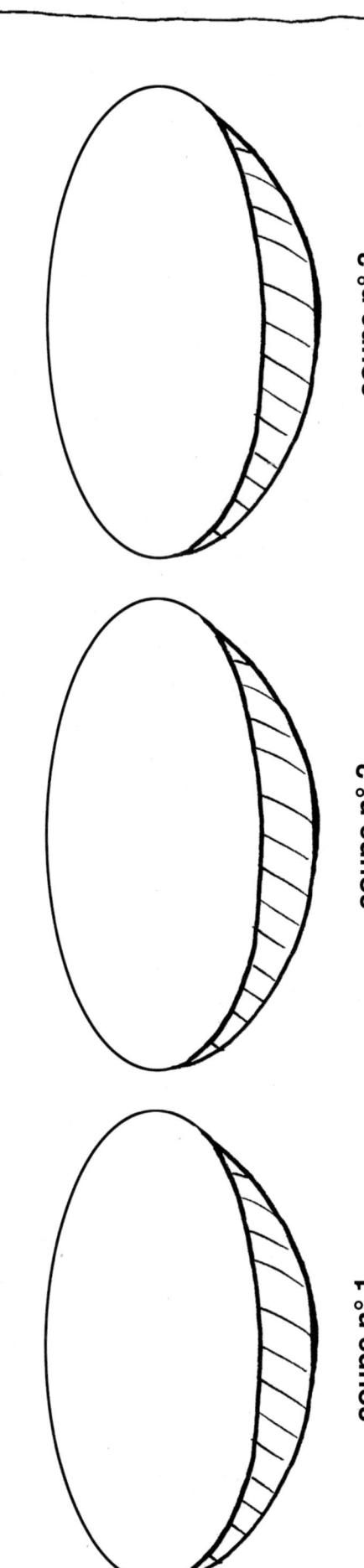

coupe n° 1
coupe n° 2
coupe n° 3

1. Il y a une orange, quatre cerises et deux bananes dans la même coupe.
2. Il y a trois oranges dans la coupe à côté de la coupe avec deux oranges.
3. Dans la coupe à côté de la coupe avec deux pommes, il y a quatre pommes.
4. Il y a deux cerises et une banane dans la même coupe.
5. Dans la coupe à droite, il y a deux oranges et une cerise.
6. Il y a trois pommes dans la même coupe.
7. Il y a trois bananes et deux pommes dans la même coupe.

Lösungen

Les fruits

Voici trois coupes avec des fruits.

Lis, colorie et trouve la solution:

Dans quelle coupe est-ce qu'il y a une poire rouge? **Dans la coupe n° 3**

Une solution possible: 1 – 4 – 2 – 5 – 3

	coupe n° 1	coupe n° 2	**coupe n° 3**
pomme	vert	rouge	jaune
poire	jaune	marron	**rouge**
banane	marron	jaune	vert

1. Dans la coupe n° 1, il y a une pomme verte.
4. Une coupe avec une pomme rouge est à côté de la coupe avec la pomme verte.
2. Il y a une pomme jaune et une banane verte dans la même coupe.
5. Il y a une banane jaune et une poire marron dans la coupe à côté de la coupe avec la banane verte.
3. Il y a une poire jaune et une banane marron dans la même coupe.

Les fruits

Voici trois coupes avec des fruits. Dans chaque coupe, il y a des bananes, des cerises, des pommes et des oranges.

Lis, dessine et trouve la solution:

Combien de pommes sont dans la coupe n° 1? **Trois pommes**

Une solution possible: 5 – 2 – 1 – 4 – 7 – 3 – 6

	coupe n° 1	coupe n° 2	coupe n° 3
cerises	4	2	1
pommes	3	4	2
oranges	1	3	2
bananes	2	1	3

5. Dans la coupe à droite, il y a deux oranges et une cerise.
2. Il y a trois oranges dans la coupe à côté de la coupe avec deux oranges.
1. Il y a une orange, quatre cerises et deux bananes dans la même coupe.
4. Il y a deux cerises et une banane dans la même coupe.
7. Il y a trois bananes et deux pommes dans la même coupe.
3. Dans la coupe à côté de la coupe avec deux pommes, il y a quatre pommes.
6. Il y a trois pommes dans la même coupe.

Les maisons

Il y a des gens qui peignent leurs maisons de plusieurs couleurs.

Lis, colorie et trouve la solution:

Quelle maison a des fenêtres roses? _____

1. Il y a une maison avec une porte jaune et un toit violet.
2. La maison n° 3 a une porte bleue et un toit orange.
3. A gauche de la maison avec les fenêtres vertes, il y a la maison avec les fenêtres bleues.
4. La maison avec la porte marron est à côté de la maison avec la porte bleue.
5. La maison avec le toit rouge a des fenêtres vertes.

18 Les maisons

Les maisons

Au pays magique, les maisons sont très colorées.
Lis et colorie les toits, les portes et les fenêtres. Puis, trouve la solution:

Qui a la maison avec le toit violet?

nom:

1. Une maison a des fenêtres vertes et une porte jaune.
2. La maison de Damien est à gauche.
3. A côté de la maison avec la porte jaune, il y a une maison avec une porte bleue et un toit jaune.
4. La maison de Max a des fenêtres bleues.
5. La maison de Céline est entre la maison de Damien et la maison de Max.
6. Une maison a une porte orange et un toit rouge.
7. La maison à côté de la maison avec les fenêtres bleues a des fenêtres rouges.

Lösungen

Les maisons

Il y a des gens qui peignent leurs maisons de plusieurs couleurs.
Lis, colorie et trouve la solution:

Quelle maison a des fenêtres roses? **La maison n° 3**

Une solution possible: 2 – 4 – 1 – 5 – 3

	maison n° 1	maison n° 2	**maison n° 3**
porte	jaune	marron	bleu
toit	violet	rouge	orange
fenêtres	bleu	vert	**rose**

2. La maison n° 3 a une porte bleue et un toit orange.
4. La maison avec la porte marron est à côté de la maison avec la porte bleue.
1. Il y a une maison avec une porte jaune et un toit violet.
5. La maison avec le toit rouge a des fenêtres vertes.
3. A gauche de la maison avec les fenêtres vertes, il y a la maison avec les fenêtres bleues.

Les maisons

Au pays magique, les maisons sont très colorées.
Lis et colorie les toits, les portes et les fenêtres. Puis, trouve la solution:

Qui a la maison avec le toit violet? **Damien**

Une solution possible: 2 – 5 – 4 – 7 – 1 – 3 – 6

nom	**Damien**	Céline	Max
porte	jaune	bleu	orange
toit	**violet**	jaune	rouge
fenêtres	vert	rouge	bleu

2. La maison de Damien est à gauche.
5. La maison de Céline est entre la maison de Damien et la maison de Max.
4. La maison de Max a des fenêtres bleues.
7. La maison à côté de la maison avec les fenêtres bleues a des fenêtres rouges.
1. Une maison a des fenêtres vertes et une porte jaune.
3. A côté de la maison avec la porte jaune, il y a une maison avec une porte bleue et un toit jaune.
6. Une maison a une porte orange et un toit rouge.

19 Les glaces

Les glaces

Trois copains mangent des glaces vanille, chocolat et fraise.

Lis et dessine les boules de glace dans les coupes:

Qui mange **une** boule vanille?

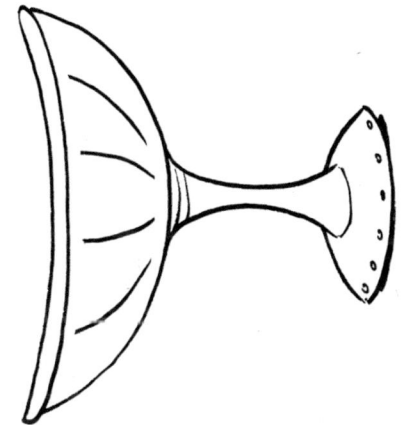

Lilou   Hugo   Sandrine

1. L'enfant qui mange une boule chocolat et trois boules fraise est à côté de l'enfant qui mange deux boules chocolat.
2. Un enfant mange une boule fraise et deux boules vanille.
3. Lilou mange deux boules chocolat.
4. Une fille mange trois boules vanille.
5. Un enfant mange trois boules chocolat et deux boules fraise.

19 Les glaces

Les glaces

Trois enfants mangent des glaces dans des coupes colorées. Chaque enfant mange des boules vanille, chocolat et fraise. Combien?

Lis et colorie les coupes. Puis, dessine les boules de glace et trouve la solution:

Dans quelle coupe est-ce qu'il y a **une** boule fraise?

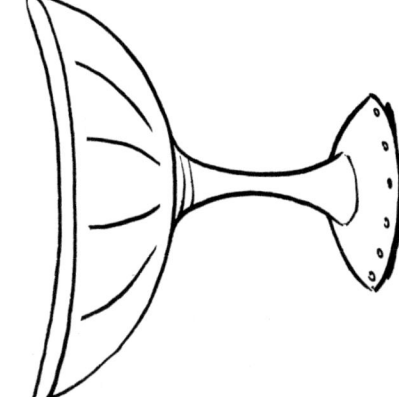

coupe n° 1　　　coupe n° 2　　　coupe n° 3

1. Il y a trois boules vanille et deux boules fraise dans la même coupe.
2. La coupe à côté de la coupe violette est verte.
3. La première coupe est violette.
4. Il y a une boule chocolat dans la coupe à côté de la coupe bleue.
5. Il y a deux boules vanille dans la même coupe.
6. Il y a trois boules chocolat et trois boules fraise dans la même coupe.
7. Dans la coupe avec deux boules chocolat, il y a une boule vanille.

Lösungen

Les glaces

Trois copains mangent des glaces vanille, chocolat et fraise.
Lis et dessine les boules de glace dans les coupes:

Qui mange **une** boule vanille? **Hugo**

Une solution possible: 3 – 1 – 5 – 2 – 4

nom	Lilou	**Hugo**	Sandrine
boules chocolat	2	1	3
boules fraise	1	3	2
boules vanille	2	**1**	3

3. Lilou mange deux boules chocolat.
1. L'enfant qui mange une boule chocolat et trois boules fraise est à côté de l'enfant qui mange deux boules chocolat.
5. Un enfant mange trois boules chocolat et deux boules fraise.
2. Un enfant mange une boule fraise et deux boules vanille.
4. Une fille mange trois boules vanille.

Les glaces

Trois enfants mangent des glaces dans des coupes colorées. Chaque enfant mange des boules vanille, chocolat et fraise. Combien?

Lis et colorie les coupes. Puis, dessine les boules de glace et trouve la solution:

Dans quelle coupe est-ce qu'il y a **une** boule fraise? **Dans la coupe n° 1**

Une solution possible: 3 – 2 – 5 – 4 – 7 – 6 – 1

	coupe n° 1	coupe n° 2	coupe n° 3
boules vanille	1	3	2
boules chocolat	2	1	3
boules fraise	**1**	2	3
couleur de la coupe	violet	vert	bleu

3. La première coupe est violette.
2. La coupe à côté de la coupe violette est verte.
5. Il y a deux boules vanille dans la coupe bleue.
4. Il y a une boule chocolat dans la coupe à côté de la coupe avec deux boules vanille.
7. Dans la coupe avec deux boules chocolat, il y a une boule vanille.
6. Il y a trois boules chocolat et trois boules fraise dans la même coupe.
1. Il y a trois boules vanille et deux boules fraise dans la même coupe.

Jessica Gherri: Logicals für den Französischunterricht – Grundschule
© Persen Verlag, Buxtehude

20 La trousse

La trousse

A l'école, les enfants ont des trousses.

Lis, colorie et trouve la solution:

Qui a un feutre bleu dans sa trousse?

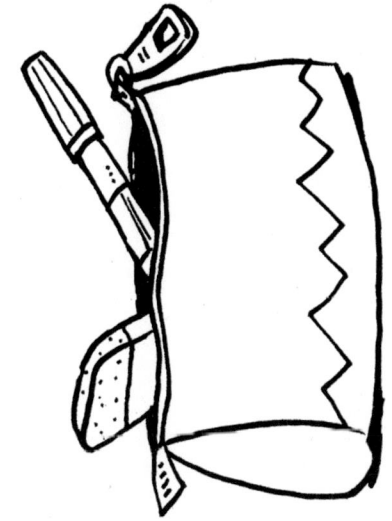

Joseph

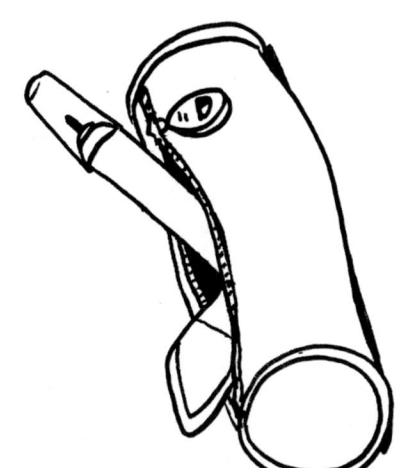

Astride

Jean

1. La trousse verte avec la gomme jaune est à côté de la trousse rouge.
2. Joseph a une trousse rouge.
3. Il y a un feutre vert et une gomme violette dans la même trousse.
4. Un garçon a un feutre marron.
5. Dans la trousse orange, il y a une gomme bleue.

20 La trousse

La trousse

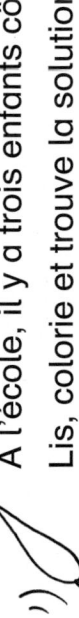

A l'école, il y a trois enfants côte à côte. Ils ont des choses différentes dans leurs trousses.

Lis, colorie et trouve la solution:

Qui a une gomme rouge dans sa trousse?

  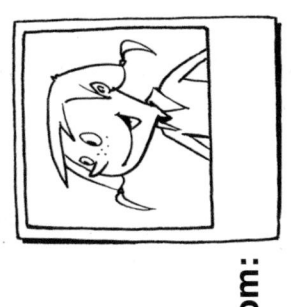

nom: _____   nom: _____   nom: _____

1. Dans la trousse de Sophie, il y a un feutre jaune.
2. Il y a une gomme verte et un crayon marron dans la trousse à côté de la trousse avec le crayon bleu.
3. Dans une trousse, il y a un feutre vert et un crayon bleu.
4. Il y a un crayon rouge et une gomme violette dans la même trousse.
5. La trousse de Paul est marron.
6. La trousse bleue est entre la trousse rose de Nathalie et la trousse marron.
7. Une fille a un feutre orange.

Lösungen

La trousse

A l'école, les enfants ont des trousses.
Lis, colorie et trouve la solution:

Qui a un feutre bleu dans sa trousse? **Astride**

Une solution possible: 2 – 1 – 5 – 3 – 4

nom	Jean	**Astride**	Joseph
trousse	orange	vert	rouge
feutre	marron	**bleu**	vert
gomme	bleu	jaune	violet

2. Joseph a une trousse rouge.
1. La trousse verte avec la gomme jaune est à côté de la trousse rouge.
5. Dans la trousse orange, il y a une gomme bleue.
3. Il y a un feutre vert et une gomme violette dans la même trousse.
4. Un garçon a un feutre marron.

La trousse

A l'école, il y a trois enfants côte à côte. Ils ont des choses différentes dans leurs trousses.
Lis, colorie et trouve la solution:

Qui a une gomme rouge dans sa trousse? **Paul**

Une solution possible: 5 – 6 – 1 – 7 – 3 – 2 – 4

nom	**Paul**	Sophie	Nathalie
trousse	marron	bleu	rose
feutre	vert	jaune	orange
crayon	bleu	marron	rouge
gomme	**rouge**	vert	violet

5. La trousse de Paul est marron.
6. La trousse bleue est entre la trousse rose de Nathalie et la trousse marron.
1. Dans la trousse de Sophie, il y a un feutre jaune.
7. Une fille a un feutre orange.
3. Dans une trousse, il y a un feutre vert et un crayon bleu.
2. Il y a une gomme verte et un crayon marron dans la trousse à côté de la trousse avec le crayon bleu.
4. Il y a un crayon rouge et une gomme violette dans la même trousse.

21 Les animaux domestiques

Les animaux domestiques

Les enfants aiment les animaux domestiques.
Lis et colorie les animaux. Découpe-les et colle-les en-dessous de l'enfant correspondant:

Qui a une perruche verte? _____

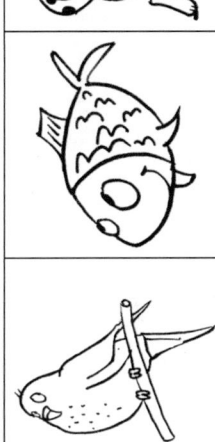

nom				
animal domestique				

1. Le chat gris est à côté du poisson.
2. Damien est à côté de l'enfant avec le chien.
3. Ines est la fille à droite.
4. Victor a un poisson orange.
5. Rita a un chien marron.

21 Les animaux domestiques

Les animaux domestiques

Ces cinq enfants ont des animaux domestiques.
Lis et colorie les animaux. Découpe-les et colle-les en-dessous de l'enfant correspondant:

Quel animal a Océane? _____

nom	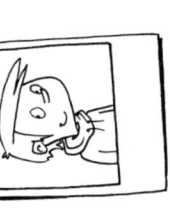				
animal domestique					

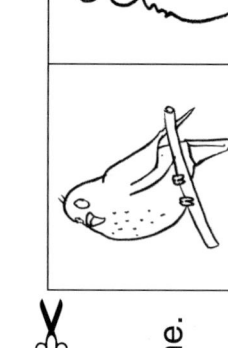

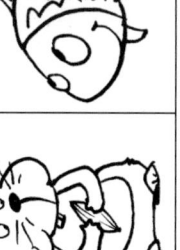

1. Le hamster de Léo est marron.
2. Un garçon a un chat rouge.
3. Adam est le garçon à droite.
4. Il y a un chien noir à côté de la perruche.
5. Un enfant a un poisson vert.
6. Romain est à côté de Marine.
7. L'animal à côté du hamster est une perruche bleue.

Lösungen

Les animaux domestiques

Les enfants aiment les animaux domestiques.
Lis et colorie les animaux. Découpe-les et colle-les en-dessous de l'enfant correspondant:

Qui a une perruche verte? **Ines**

Une solution possible: 3 – 5 – 2 – 4 – 1

nom	Victor	Damien	Rita	**Ines**
animal domestique	poisson	chat	chien	**perruche**
couleur	orange	gris	marron	**vert**

3. Ines est la fille à droite.
5. Rita a un chien marron.
2. Damien est à côté de l'enfant avec le chien.
4. Victor a un poisson orange.
1. Le chat gris est à côté du poisson.

Les animaux domestiques

Ces cinq enfants ont des animaux domestiques.
Lis et colorie les animaux. Découpe-les et colle-les en-dessous de l'enfant correspondant:

Quel animal a Océane? **Un poisson vert**

Une solution possible: 3 – 6 – 1 – 7 – 4 – 2 – 5

nom	Léo	Romain	Marine	**Océane**	Adam
animal domestique	hamster	perruche	chien	**poisson**	chat
couleur	marron	bleu	noir	**vert**	rouge

3. Adam est le garçon à droite.
6. Romain est à côté de Marine.
1. Le hamster de Léo est marron.
7. L'animal à côté du hamster est une perruche bleue.
4. Il y a un chien noir à côté de la perruche.
2. Un garçon a un chat rouge.
5. Un enfant a un poisson vert.

22 Les bonshommes de neige

Les bonshommes de neige

En hiver, les enfants s'amusent à faire des bonshommes de neige.

Lis, colorie et trouve la solution:

Quel bonhomme de neige a un nez bleu?

bonhomme de neige n° 1 **bonhomme de neige n° 2** **bonhomme de neige n° 3**

1. Le bonhomme de neige avec le balai orange est à côté du bonhomme de neige avec le balai marron.
2. Un bonhomme de neige a un chapeau rouge et un nez violet.
3. Le bonhomme de neige n° 1 a un balai marron et un chapeau vert.
4. Un bonhomme de neige a un balai jaune et un chapeau bleu.
5. Le bonhomme de neige avec le nez vert est à droite du bonhomme de neige avec le nez violet.

22 Les bonshommes de neige

Les bonshommes de neige

En hiver, les enfants s'amusent à faire des bonshommes de neige. Trois enfants décorent leurs bonshommes de neige avec des objets colorés.

Lis, colorie et trouve la solution:

Quel bonhomme de neige a une écharpe jaune?

bonhomme de neige n° 1   **bonhomme de neige n° 2**   **bonhomme de neige n° 3**

1. Un bonhomme de neige a un nez bleu et un balai rouge.
2. Le bonhomme de neige à côté du bonhomme de neige avec le chapeau bleu est un nez rouge.
3. Un bonhomme de neige a un chapeau bleu est un nez rouge.
4. Le bonhomme de neige à gauche a un chapeau vert.
5. Le bonhomme de neige avec le balai rose a une écharpe verte.
6. A côté du bonhomme de neige avec le nez rouge, il y a un bonhomme de neige avec un balai marron et un nez orange.
7. Le bonhomme de neige à côté du bonhomme de neige avec l'écharpe verte a une écharpe rouge.

Lösungen

Les bonshommes de neige

En hiver, les enfants s'amusent à faire des bonshommes de neige.

Lis, colorie et trouve la solution:

Quel bonhomme de neige a un nez bleu? **Le bonhomme de neige n° 1**

Une solution possible: 3 – 1 – 4 – 2 – 5

	bonhomme de neige n° 1	bonhomme de neige n° 2	bonhomme de neige n° 3
nez	**bleu**	violet	vert
balai	marron	orange	jaune
chapeau	vert	rouge	bleu

3. Le bonhomme de neige n° 1 a un balai marron et un chapeau vert.
1. Le bonhomme de neige avec le balai orange est à côté du bonhomme de neige avec le balai marron.
4. Un bonhomme de neige a un balai jaune et un chapeau bleu.
2. Un bonhomme de neige a un chapeau rouge et un nez violet.
5. Le bonhomme de neige avec le nez vert est à droite du bonhomme de neige avec le nez violet.

Les bonshommes de neige

En hiver, les enfants s'amusent à faire des bonshommes de neige. Trois enfants décorent leurs bonshommes de neige avec des objets colorés.

Lis, colorie et trouve la solution:

Quel bonhomme de neige a une écharpe jaune? **Le bonhomme de neige n° 1**

Une solution possible: 4 – 2 – 3 – 6 – 1 – 5 – 7

	bonhomme de neige n° 1	bonhomme de neige n° 2	bonhomme de neige n° 3
nez	bleu	orange	rouge
écharpe	jaune	rouge	vert
balai	rouge	marron	rose
chapeau	vert	jaune	bleu

4. Le bonhomme de neige à gauche a un chapeau vert.
2. Le bonhomme de neige à côté du bonhomme de neige avec le chapeau vert a un chapeau jaune.
3. Un bonhomme de neige a un chapeau bleu est un nez rouge.
6. A côté du bonhomme de neige avec le nez rouge, il y a un bonhomme de neige avec un balai marron et un nez orange.
1. Un bonhomme de neige a un nez bleu et un balai rouge.
5. Le bonhomme de neige avec le balai rose a une écharpe verte.
7. Le bonhomme de neige à côté du bonhomme de neige avec l'écharpe verte a une écharpe rouge.

23 Les jouets

Les jouets

Les enfants ont des jouets dans leurs chambres.

Lis, colorie et trouve la solution:

Qui a une poupée marron?

Lara   Paul   Flore

1. Flore a un ballon rouge.
2. Un enfant a un nounours vert et une poupée violette.
3. Un enfant a un ballon bleu et un nounours jaune.
4. Une fille a une poupée rose.
5. Une fille a un ballon vert et un nounours orange.

Les jouets

23 Les jouets

Trois enfants ont des jouets et des étagères dans leurs chambres. Ils ont tous des ballons, des cordes à sauter, des poupées et des nounours.

Lis, colorie et trouve la solution:

Qui a une poupée verte? _____

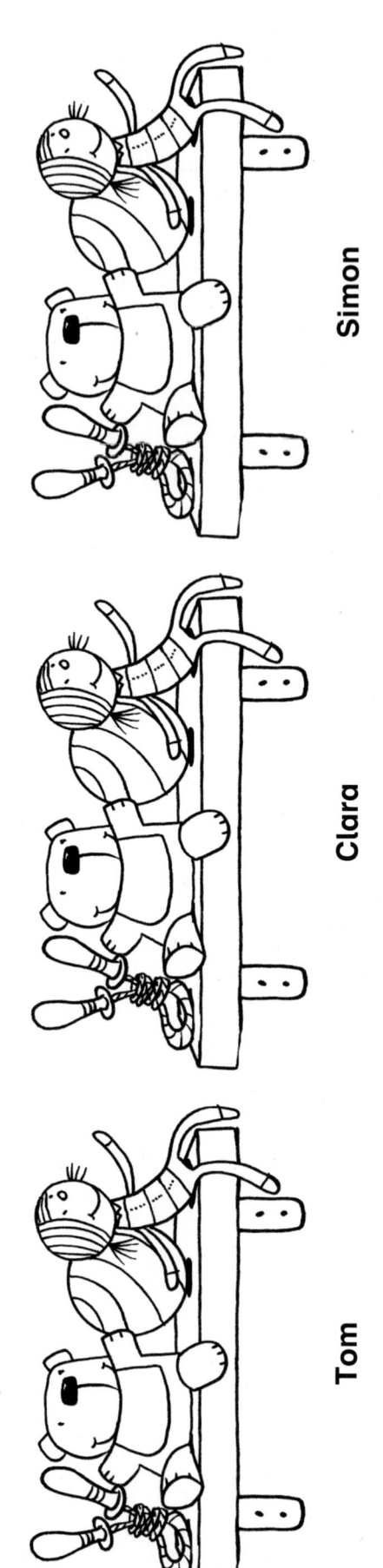

Tom   Clara   Simon

1. Sur l'étagère avec le ballon orange, il y a un nounours jaune.
2. A côté de l'étagère avec le nounours jaune, il y a une étagère avec un nounours vert.
3. Il y a un ballon bleu sur l'étagère de Tom.
4. Un garçon a une corde à sauter violette et une poupée rouge.
5. A côté de l'étagère avec le ballon bleu, il y a une étagère avec un ballon rouge.
6. Il y a un nounours rouge et une corde à sauter jaune sur la même étagère.
7. Il y a une poupée orange et une corde à sauter bleue sur la même étagère.

Lösungen

Les jouets

Les enfants ont des jouets dans leurs chambres.
Lis, colorie et trouve la solution:

Qui a une poupée marron? **Paul**

Une solution possible: 1 – 5 – 3 – 2 – 4

nom	Lara	**Paul**	Flore
poupée	rose	**marron**	violet
ballon	vert	bleu	rouge
nounours	orange	jaune	vert

1. Flore a un ballon rouge.
5. Une fille a un ballon vert et un nounours orange.
3. Un enfant a un ballon bleu et un nounours jaune.
2. Un enfant a un nounours vert et une poupée violette.
4. Une fille a une poupée rose.

Les jouets

Trois enfants ont des jouets et des étagères dans leurs chambres. Ils ont tous des ballons, des cordes à sauter, des poupées et des nounours.
Lis, colorie et trouve la solution:

Qui a une poupée verte? **Tom**

Une solution possible: 3 – 5 – 1 – 2 – 6 – 4 – 7

nom	**Tom**	Clara	Simon
poupée	**vert**	orange	rouge
corde à sauter	jaune	bleu	violet
ballon	bleu	rouge	orange
nounours	rouge	vert	jaune

3. Il y a un ballon bleu sur l'étagère de Tom.
5. A côté de l'étagère avec le ballon bleu, il y a une étagère avec un ballon rouge.
1. Sur l'étagère avec le ballon orange, il y a un nounours jaune.
2. A côté de l'étagère avec le nounours jaune, il y a une étagère avec un nounours vert.
6. Il y a un nounours rouge et une corde à sauter jaune sur la même étagère.
4. Un garçon a une corde à sauter violette et une poupée rouge.
7. Il y a une poupée orange et une corde à sauter bleue sur la même étagère.

Les légumes

24 Les légumes

Voici trois coupes avec des légumes.

Lis, colorie et trouve la solution:

Dans quelle coupe est-ce qu'il y a un poivron rouge?

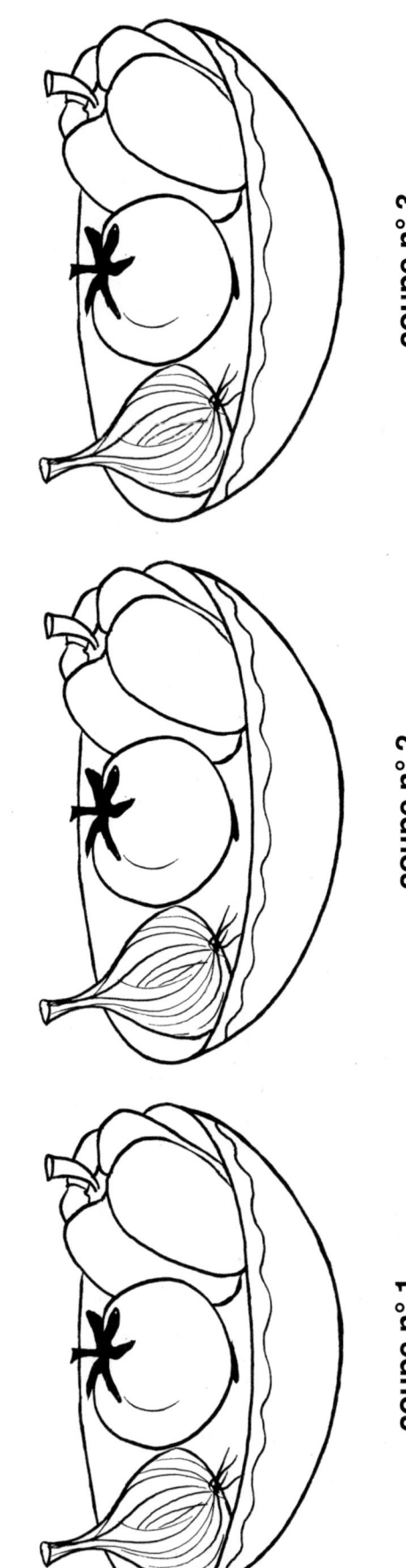

coupe n° 1 **coupe n° 2** **coupe n° 3**

1. Il y a un oignon rouge et un poivron jaune dans la même coupe.
2. Dans la coupe n° 1, il y a une tomate verte.
3. Il y a une tomate jaune et un oignon blanc dans la même coupe.
4. A côté de la coupe avec le poivron jaune, il y a une coupe avec un poivron vert.
5. A côté de la coupe avec la tomate verte, il y a une coupe avec une tomate rouge et un oignon marron.

24 Les légumes

Les légumes

Dans ces coupes, il y a des légumes de couleurs différentes.
Lis, colorie et trouve la solution:

Dans quelle coupe est-ce qu'il y a une courgette vert foncé?

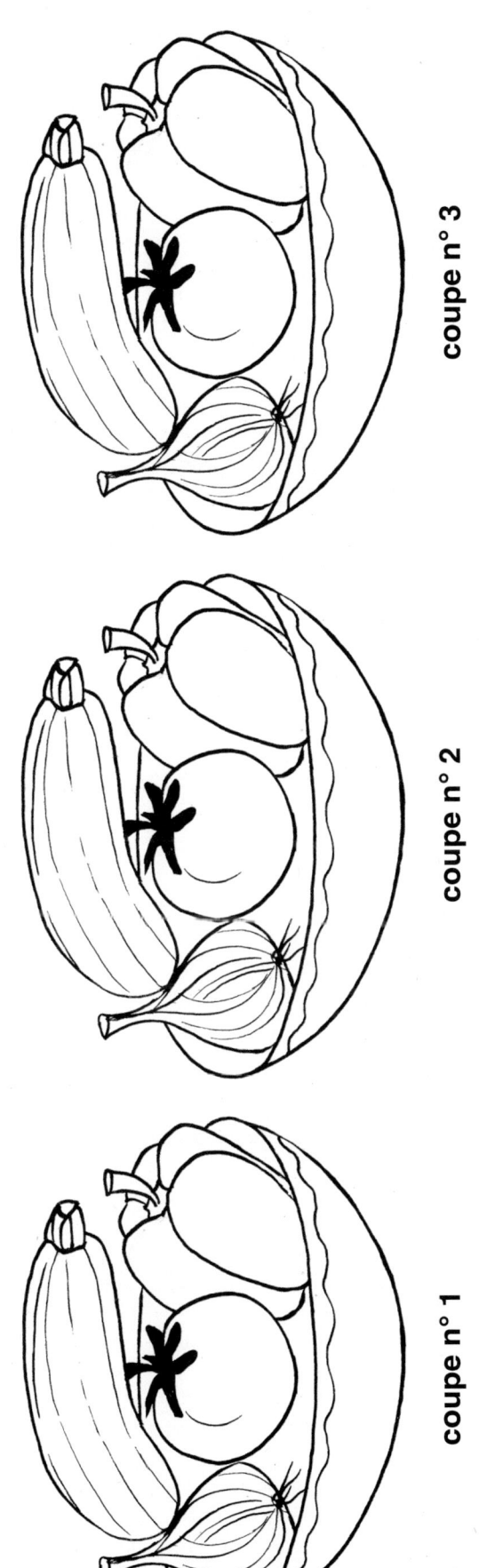

coupe n° 1   coupe n° 2   coupe n° 3

1. A côté de la coupe avec la tomate jaune, il y a une coupe avec une tomate rouge.
2. Il y a un oignon marron et un poivron rouge dans la même coupe.
3. Il y a une courgette vert clair et un poivron jaune dans la même coupe.
4. Il y a une tomate verte et un oignon rouge dans la même coupe.
5. A côté de la coupe avec le poivron rouge, il y a une coupe avec un poivron vert et une courgette jaune.
6. Dans la coupe n° 1, il y a une tomate jaune.
7. A côté de la coupe avec l'oignon rouge, il y a une coupe avec un oignon blanc.

Lösungen

Les légumes

Voici trois coupes avec des légumes.
Lis, colorie et trouve la solution:

Dans quelle coupe est-ce qu'il y a un poivron rouge? **Dans la coupe n° 3**

Une solution possible: 2 – 5 – 3 – 1 – 4

	coupe n° 1	coupe n° 2	**coupe n° 3**
oignon	rouge	marron	blanc
tomate	vert	rouge	jaune
poivron	jaune	vert	**rouge**

2. Dans la coupe n° 1, il y a une tomate verte.
5. A côté de la coupe avec la tomate verte, il y a une coupe avec une tomate rouge et un oignon marron.
3. Il y a une tomate jaune et un oignon blanc dans la même coupe.
1. Il y a un oignon rouge et un poivron jaune dans la même coupe.
4. A côté de la coupe avec le poivron jaune, il y a une coupe avec un poivron vert.

Les légumes

Dans ces coupes, il y a des légumes de couleurs différentes.
Lis, colorie et trouve la solution:

Dans quelle coupe est-ce qu'il y a une courgette vert foncé? **Dans la coupe n° 1**

Une solution possible: 6 – 1 – 4 – 7 – 2 – 5 – 3

	coupe n° 1	coupe n° 2	coupe n° 3
oignon	marron	blanc	rouge
tomate	jaune	rouge	vert
courgette	**vert foncé**	jaune	vert clair
poivron	rouge	vert	jaune

6. Dans la coupe n° 1, il y a une tomate jaune.
1. A côté de la coupe avec la tomate jaune, il y a une coupe avec une tomate rouge.
4. Il y a une tomate verte et un oignon rouge dans la même coupe.
7. A côté de la coupe avec l'oignon rouge, il y a une coupe avec un oignon blanc.
2. Il y a un oignon marron et un poivron rouge dans la même coupe.
5. A côté de la coupe avec le poivron rouge, il y a une coupe avec un poivron vert et une courgette jaune.
3. Il y a une courgette vert clair et un poivron jaune dans la même coupe.

25 Les animaux de zoo

Les animaux de zoo

Les enfants aiment les animaux de zoo.

Lis, remplis le tableau et trouve la solution :

Qui aime les tigres? _____

nom			
âge			
animal	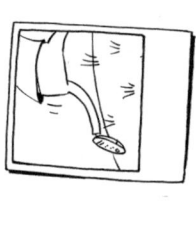	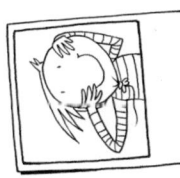	

1. Bruno est à côté de Pauline.
2. L'enfant de dix ans aime les éléphants.
3. Alex a neuf ans. Il aime les lions.
4. Pauline est à gauche.
5. Un garçon a huit ans.

25 Les animaux de zoo

Les animaux de zoo

Au zoo, il y a quatre animaux dans des cages colorées.

Lis et colorie les cages et les animaux. Découpe-les, colle-les sur le tableau et écris leur âge.

Puis, trouve la solution:

Quel animal est dans une cage bleue?

animal				
couleur de la cage				
âge				

1. Le tigre est entre l'éléphant et l'ours.
2. La cage jaune est entre la cage rouge et la cage verte.
3. L'animal à gauche est un éléphant.
4. L'animal à côté de l'animal de quatre ans a sept ans.
5. L'animal de cinq ans est dans une cage rouge.
6. Le crocodile a quatre ans.
7. L'animal à côté de l'animal de sept ans a trois ans.

Lösungen

Les animaux de zoo

Les enfants aiment les animaux de zoo.
Lis, remplis le tableau et trouve la solution:

Qui aime les tigres? **Bruno**

Une solution possible: 4 – 1 – 3 – 5 – 2

nom	Pauline	**Bruno**	Alex
âge	10	8	9
animal	éléphants	**tigres**	lions

4. Pauline est à gauche.
1. Bruno est à côté de Pauline.
3. Alex a neuf ans. Il aime les lions.
5. Un garçon a huit ans.
2. L'enfant de dix ans aime les éléphants.

Les animaux de zoo

Au zoo, il y a quatre animaux dans des cages colorées.
Lis et colorie les cages et les animaux. Découpe-les, colle-les sur le tableau et écris leur âge.
Puis, trouve la solution:

Quel animal est dans une cage bleue? **Le crocodile**

Une solution possible: 3 – 1 – 6 – 4 – 7 – 5 – 2

animal	éléphant	tigre	ours	**crocodile**
couleur de la cage	rouge	jaune	vert	**bleu**
âge	5	3	7	4

3. L'animal à gauche est un éléphant.
1. Le tigre est entre l'éléphant et l'ours.
6. Le crocodile a quatre ans.
4. L'animal à côté de l'animal de quatre ans a sept ans.
7. L'animal à côté de l'animal de sept ans a trois ans.
5. L'animal de cinq ans est dans une cage rouge.
2. La cage jaune est entre la cage rouge et la cage verte.

Neue Ideen für Ihren Unterricht!

Bergedorfer Führerscheine

Bernd Wehren
Der Benimm-Führerschein
2. bis 4. Klasse

Mithilfe des Benimm-Führerscheins üben Ihre Schüler spielerisch das richtige Benehmen in Schule, Öffentlichkeit und zu Hause ein. Thematisiert wird zum Beispiel das Verhalten bei Mahlzeiten, beim Umgang mit älteren Menschen, im Sportunterricht, in öffentlichen Verkehrsmitteln oder im Restaurant. Kurze Bildergeschichten aus dem Alltag der Kinder dienen als Grundlage, über das Verhalten anderer und die eigenen Verhaltensweisen nachzudenken. Ihre Schüler geben den Bildergeschichten Überschriften, schreiben dazu, kreisen ein, zeichnen ein fehlendes Bild und sammeln Erfahrungen in Rollenspielen. Der Anhang enthält Zusatzmaterial zur vertiefenden Beschäftigung mit den Situationen.

Gutes Benehmen kann gelernt werden: Der motivierende Führerschein für bessere Umgangsformen in Schule und Alltag!

▶ Heft, 58 Seiten, DIN A4, inkl. Klassensatz von 32 vierfarbigen Führerscheinen
2. bis 4. Klasse
Best.-Nr. 23406

Bergedorfer Führerscheine

Ute Hoffmann
Der Märchen-Führerschein
3. und 4. Klasse

Ganz gleich, ob im Straßenverkehr oder im Deutschunterricht: Um einen Führerschein zu bekommen, muss man sich mit der Materie gut auskennen. Das gilt auch für den Führerschein zum Lehrplanthema Märchen. Die Schüler lesen unterschiedliche Märchentexte und bearbeiten vielseitige Aufgaben, die Schritt für Schritt im Schwierigkeitsgrad ansteigen.
Dabei gilt es zum Beispiel, wörtliche Reden den entsprechenden Märchenfiguren zuzuordnen, einen passenden Schluss für ein Märchen auszuwählen, Sätze in die richtige Reihenfolge zu bringen oder Fragen zum Text zu beantworten. Motiviert absolvieren die Kinder kleine Prüfungen auf Bronze-, Silber- und Goldniveau, denn am Ende winkt der begehrte Märchen-Führerschein.

▶ Heft, 76 Seiten, DIN A4, inkl. Klassensatz von 32 vierfarbigen Führerscheinen
3. und 4. Klasse
Best.-Nr. 23484

Motivierende Führerscheine – jetzt auch zum Thema Märchen!

Bergedorfer Führerscheine

Lukas Jansen
Der Computer-Führerschein – Office 2010
3. und 4. Klasse

Wie erstellt man ein ansprechendes Textdokument? Was muss man beim Schreiben einer E-Mail beachten? Wie findet man gezielt Informationen im Internet? Die Voraussetzungen der Kinder im Umgang mit dem Computer sind sehr unterschiedlich. Der Band bietet ein umfassendes Spektrum an Arbeitsblättern für die individuelle Arbeit: vom Starten unterschiedlicher Programme unter Windows 7 über das Überprüfen der richtigen Schreibweise bis zur Sicherheit im Chat.
Word, Excel und Internet bilden die grundlegenden Bereiche für die Aufgaben in drei Schwierigkeitsstufen. So lernen die Kinder zielgerichtet und strukturiert das Arbeiten am Computer. Ein Klassensatz farbiger Führerscheine liegt dem Buch bei.

Unser Führerschein-Bestseller – jetzt aktualisiert für Office 2010!

▶ Buch, 92 Seiten, DIN A4, inkl. Klassensatz von 32 vierfarbigen Führerscheinen
3. und 4. Klasse
Best.-Nr. 23592

Bergedorfer Führerscheine

Bernd Wehren
Der Taschenrechner-Führerschein
3. und 4. Klasse

Der sachgerechte Einsatz des Taschenrechners ist mittlerweile auch in der Grundschule fester Bestandteil des Mathematikunterrichts. Die Übungen dieses Buches steigen Schritt für Schritt im Schwierigkeitsgrad an. Nach dem Kennenlernen der verschiedenen Tastenfunktionen rechnen die Kinder Plus-, Minus-, Multiplikations- und Divisionsaufgaben aus. Es folgen Aufgaben mit Kommazahlen und Klammern. Eine kleine Taschenrechner-Hilfskarte für die Federmappe und ein Lernposter mit wichtigen Tipps helfen Ihren Schülern die Übungen sicher zu meistern und die Lerninhalte zu festigen. Sind Ihre Schüler sicher im Umgang mit dem Rechner, absolvieren sie die Führerscheinprüfungen in den Schwierigkeitsgraden Bronze, Silber und Gold.

▶ Buch, 55 Seiten, DIN A4
3. und 4. Klasse
Best.-Nr. 23518

Vergeben Sie die Lizenz zum Rechnen mit dem Taschenrechner!

Unser Bestellservice:
Das komplette Verlagsprogramm finden Sie in unserem Online-Shop unter
www.persen.de
Bei Fragen hilft Ihnen unser Kundenservice gern weiter.
Deutschland: ☏ 040/32 50 83-040 · Schweiz: ☏ 050/366 53 54 · Österreich: ☏ 0 72 30/2 00 11